宋朝往事系列

耿元骊 主编

沈括

科技史坐标

王淳航——著

辽宁人民出版社

© 王淳航　2025

图书在版编目（CIP）数据

科技史坐标：沈括 / 王淳航著 . — 沈阳：辽宁
人民出版社，2025.1
　（宋朝往事系列 / 耿元骊主编）
　ISBN 978-7-205-11143-4

　Ⅰ . ①科… Ⅱ . ①王… Ⅲ . ①沈括（1031—1095）—
传记 Ⅳ . ① K826.1

中国国家版本馆 CIP 数据核字（2024）第 092664 号

出版发行：辽宁人民出版社
　　　　　地址：沈阳市和平区十一纬路 25 号　邮编：110003
　　　　　电话：024-23284191（发行部）　024-23284304（办公室）
　　　　　http://www.lnpph.com.cn
印　　刷：天津光之彩印刷有限公司
幅面尺寸：145mm×210mm
印　　张：9
字　　数：162 千字
出版时间：2025 年 1 月第 1 版
印刷时间：2025 年 1 月第 1 次印刷
责任编辑：赵维宁　段　琼
封面设计：乐　翁
版式设计：一诺设计
责任校对：吴艳杰
书　　号：ISBN 978-7-205-11143-4
定　　价：78.00 元

总　序

宋朝往事，如在眼前

　　后周显德七年，岁在庚申，公元纪年则曰960年。这一年的春节，就在公历1月31日。经过了数十各方势力混战，天下仍大乱，百姓仍生活在苦难之中（当然，传统王朝盛世，百姓也在苦难之中，乱世倍增而已）。不过，古今一例，大过年的，百姓们假装也要假装一下，麻醉也要麻醉一下，大户小家都欢天喜地，撤旧符，换新桃，祭祖悬影，张灯结彩，宴饮欢唱。无论内忧外患如何，生活总要继续下去。可是，就在中原大地一片祥和的气氛之中，突然——可以说非常非常突然，大年初一，北境传报紧急军情！北汉勾结辽军攻打过来！开封城内，惊慌失措的百姓，惊慌失措的大臣，还有惊慌失措的小皇帝，焦急地一叠声：怎么办？怎么办？

　　大周，说起来总是中原正朔，且正处蓬勃之际，岂能坐以待毙！必须抵抗，必须派最富军事指挥才能的大将率军抵抗！不过，谁是具有这样能力的大将呢？当然，朝廷知道，百姓知道，只有赵匡胤一人而已。赵匡胤成竹在胸，也不推辞，安排妥当，于大年初三带兵北征。走了一天，来到陈桥驿，夜色降临，驻扎下来。接下来的故事，三尺孩童以上，便无人不知无人不晓了，"黄袍加身"的"陈桥兵变"成为古今耳熟能详的"往事"。显德七年飞速变成了建隆元年，开启了一个全新朝代：宋朝。由此，也就进入了我们想重新回忆的"宋朝往事"。

在中国历史上，"宋"之魅力，独树一帜，让人不停地想起它。提起宋朝往事，很多人都感觉历历在目。那么，以后见者之明，再观察宋代，到底该如何认识宋呢？陈寅恪先生讲"华夏民族之文化，历数千载之演进，造极于赵宋之世"，就已经为它定性定向，成为我们认知宋朝的一个基底性叙述了。不过晚清民国以来，学者与世人在外敌入侵的背景下，看待宋朝总是觉得它"积贫积弱"，几乎只有陈先生独具慧眼，但是随着世界变化，研究逐步深入，观念多轮更新，世人越发理解了陈先生先见之明，发现宋朝既不贫也不弱，乃至更多强调宋朝有趣又有生机的那一面了。在当代中国人看来，这是一个有意思、有故事的风雅时代。

宋朝文化，偏于"雅致"气象，已经有无数学者指出过了。虽然"西园雅集"其事本身未必完全符合史实，但是"雅集"精神却是宋代真实的"文化心理"。他们吟诗词而唱和，他们抚琴听音，他们绘山水而问禅风，"宋型"文人风貌就显现其中。从对"西园雅集"千年反复阐释与模仿当中，足见其影响之深远。而"雅集"所体现出来的"极简"美学，是宋代高雅文化全部核心所在。扬之水先生说："抚琴、调香、赏花、观画、弈棋、烹茶、听风、饮酒、观瀑、采菊、绘画和诗歌，携手传播着宋人躬身实践和付诸想象的种种生活情趣。"当然，这种风雅文化，也深深影响到市井文化，推动了市井文化与风雅文化同步大放异彩。甚至或者可以说，在宋人那里，市井文化就是风雅文化的变身。

宋朝经济，以工商流转增值为主要经济运行模式，初步迈向了现代经济门槛。又因为总掌控区域大幅度缩小，外部军事压力过大，财政供给压力倍增，不得不开拓在传统农业经济之外的财政来源，竟有意外收获，也就是发现了一条新经济之路：由工商业繁荣，进而推动生产力提高。手工业和商业贸易，对比前朝，都有了大幅度进步。作为衡量经济发展的一个重要指标，宋常年铜钱铸造数量，比唐代鼎盛高峰期还多出数倍，更不用提出现"交子"这样具有现代化性质的纯信用货币了。当然，受限于诸多因素，并未能或者说完全没可能实现从传统经济向现代经济的惊险一跃。

宋朝政治，在传统时代政治大势中堪称特例。皇帝与士大夫共治天下，不因政治斗争因素随意诛杀大臣，都是宋朝独有特殊之处，因而建立了一种相对开明的政治局面。虽然我们完全了解，宋代政治也有诸多问题，党同伐异，文字狱，争执与整肃似乎也都没少过，但是在整体上观察帝制时代政治进程，完全可以确认，宋朝相对偏于宽松。从整个王朝政治史上观察，两宋还都可以说是独特的存在。而科举取士，更是奠定了读书人在政治上的进取之心，社会流动开了一个虽不宽松但也绵绵不绝的上下交通渠道。有志者，可以通过考试进入统治阶层，自认对天下有责任，亦有担当，"先天下之忧而忧，后天下之乐而乐"。

无论从哪个角度看，宋朝都是奠定中华文化最终形成的重要一环，无宋则不足以言中华文化。不过，普通读者对宋朝的印象，在经历了长期看低之后，则有近180度大转弯。最近数年，欣赏宋朝、研读宋朝、描绘宋朝生活成为影视、阅读、游戏等各类市场的新宠。各类时新或传统媒体，时不时地就弄出个宋代专题，制作了各种各样的音频课、视频课，坊间也在学术著作大批出版的同时，出现了无数种关于宋朝的通俗著述。在关于宋朝叙述大繁荣之时，在这无数种关于宋代的讲述中，为什么我们还要再增加新一种呢？这大概就是因为，宋之魅力势不可当。虽然名家大作珠玉在前，但我们还是想试图提供更多维度给读者进行参考和对比。

如何提供更多维度？孟浩然诗句"人事有代谢，往来成古今"最能代表我们的心情和缘起之思。就是想通过人和事两方面，与读者诸君讨论宋朝独特之处。宋之风雅、政事、富庶，都体现在人和事之中了。没有那些特立独行之人，风雅不可见；没有那些风雅之士行动，政事不可知；没有那些百姓努力创造，富庶无可求。想要全方位观察宋、了解宋，欣赏大宋之美，就请和我们一起来回首"宋朝往事"。

面对浩瀚宇宙，面对苍茫大地，面对漫漫人生，我们内心常常涌起一种深远庄严之感，不由得想去探究和思考。这就是人之所以为人的根本，只有人类才渴盼了解自身，试图了解自己的过往。而有着世界上最长久、最多历史记载的中华民族，算得上是最愿意了解自身历史的族群之一。与历史人物、事件建立起属于我们自身的沟通管路，唯一渠道和办法，就是读史。读其书，想其人，念古人或雄壮或卑微的一生，感慨万千，油然而生一种复杂情绪弥漫胸间。这大概也是想了解历史、阅读历史的普通读者之常有心境。不过世易时移，学有专攻，不可能让有阅读愿望的各行各业读者，都能重新从工具书层面开始入手研读，所以回首"宋朝往事"，十人十事，纵横交织，就是我们所提供的优质的精神快餐。

宋代人物纷繁，我们选择了赵匡胤、赵普、寇准、范仲淹、包拯、狄青、沈括、岳飞、陆游、文天祥十位代表性人物。相信以读者诸君的敏锐度，已经明了我们的选择用意。赵匡胤，开国之君，没有他的布局和冒险一搏，不会有大宋的建立；没有他所奠定的基础，宋朝也许就是那个"第六代"了。赵普是宋朝开国元勋，也是宋初文臣之中较为有名的那一个。他一生三次入朝为相，影响很大。世人知道他，多以那句"半部《论语》治天下"的典故。他长于吏道，善于出谋划策，"智深如谷"，开国大政，多依赖于赵普策划。寇准，评书演义中的最佳人物，一句"寇老西儿"牵动了多少我辈凡夫俗子之心！可以说，他就是那个有棱角有缺点的最佳演员。范仲淹，相信没有人不知道其千古名句"先天下之忧而忧，后天下之乐而乐"。几乎每个当代中国人都会反复学习那千古名篇，没有他，宋朝就缺失了一点什么。包拯，明清以后，已经成为中国古代清官杰出代表，是为政清廉、公正执法、断案如神的象征，民间呼为"包青天"。以他为主角衍生出的历史演义、戏剧、小说、影视剧为数众多而历代相传。戏说虽然于史无征，却激起我们窥探历史上包拯究竟是何种模样的极大兴趣。狄青，从一名基层农家子弟应征入伍，出身低微，一无权二无势，通过自己精湛的武功、高妙的指挥能力和优良的人品，以及在国家危难之际奋不顾身的突出表现，成长为接近权力巅峰的枢密使，是底层小人物逆袭的典型，后代小说家甚至以他为主角写成了诸多小说演义作品。传说狄青是武曲星下凡，与文曲星下凡的"包青天"一起享誉天下。沈括，我们了解大书《梦溪笔谈》，更了解他记述下来的活字印刷术。他是那个时代文人的典范，虽然后人未必赞同他为官为人之道，但是都欣赏他作为文人士大夫而能关注普通人技术进步的开放心态。岳飞，更是无数传奇小说中的最优榜样。千百年来，不知道影响了多少英雄豪杰！陆游是伟大的诗人和伟大的爱国者，大多中国学生都学习和背诵过他那首千古名诗《示儿》。一辈子渴望北伐中原，收复失地，但是时代没有给他机会。从宋金和战历史大背景观察，我们才能发现一个真实的陆游。文天祥，更是我们常常耳闻的伟大人物，为了匡扶南宋这座将倾大厦，妻离子散，家破人亡，但依然志向不改、视死如归。伟大的人格力量，在中华历史上铸就了一块无与伦比的正气丰碑，内化为中华优秀传统文化不可分割的一部分。纵观文天祥一生，无负于"人生自古谁无死，留取丹心照汗青"的铮铮誓言。

因人而成事，宋代历史上，几乎每天都有大事发生。这些大事如何走向，以后见之明来看，在历史上就更有关键节点作用了。我们同样选择了十件大事作为代表，算是尝一脔而知一鼎之味。东封西祀、女主临朝、宋夏之战、熙丰新政、更化与绍述、靖康之难、三朝内禅、开禧北伐、襄阳保卫战、崖山暮光是我们选定的若干"大事"。读者诸君当然更明了这十件事在宋代历史上的关键性作用。宋真宗不甘平淡，又缺雄才大略，导演了一场天书降临的闹剧，东封西祀，营造太平盛世，将宋朝引到了一条歧路上，带坏了政治风气，无谓消耗财富积累，导致社会出现重大方向调整。宋真宗的章献明肃刘皇后，最著名的传说就是"狸猫换太子"，而这只是个谎言。事实上，刘皇后作为宋代第一位垂帘听政的太后，她身上的故事远比"狸猫换太子"更加精彩。自宋建国起，宋朝与党项李氏一直保持着友好关系，西部边界也一直处于相对稳定的局面，直到李继迁公开与宋朝决裂。党项李氏逐渐壮大，并建立西夏，发展到足以抗衡辽、宋，三足鼎立，宋朝西部边患不断，几无宁日，漫长曲折的战争故事也陆续上演。宋神宗继位之后，梦想成为一个大有为的君主，强烈想要改变现状。与王安石一遇即合，君臣相得，开启了一条"改革之路"。不过这改革既艰难又复杂，在宋人眼里更如乱来。千载之下，评说仍未有完结之期。宋哲宗继位之后，新法逐渐由改善民生、行政、财政、兵政等大目标，转而成为清除异己与聚敛钱财的工具，丧失了正当性，而这一切还在继承神宗之志旗帜下进行。借着更化到绍述之名，大宋这一艘漏水的航船驶入了更加风雨飘摇的末路。靖康之难，更是一段伤心之史。在繁华富足当中突然崩溃，亦是千年少见之事。再建南宋，久居钱江之畔，临安临安，已再无临意。不过相对长期稳定的政治局面之下，皇位继承这个中国传统政治大难题，在南宋前半期又成为难上加难的超级难题。南宋前四帝，总共见过了四次内禅（高宗为皇子时，见徽钦之禅）。王朝体系下，就没有真正的家事与国事的分别，这一家事国事大难题，搅得政局翻覆，影响极大。再到开禧北伐，只好说它是虚假反攻。韩侂胄大冒险，最终把屠刀留给了自己。而由此导致的政局动荡，让后人感觉平添了几分萧瑟。更不幸的是，蒙古崛起，应对失当，为最终的没落埋下了种子。宋元之间，襄樊大战则是南宋灭亡的关键。让我们一同进入宋末历史世界，看看舞台上主角人物如何抉择，观其言，察其行。在 13 世纪末欧亚大舞台上，从全球视角看看襄樊之战前因、后果、始末、影响与结局。襄樊大战失败之后，元军继续南下，宋人多路义军闻风而动，试图收复故土，好不热闹。但元军一路直下，鏖战 50 年，四川最终陷落。宋廷退守崖山，张世杰摆一字长蛇阵，决战一日，十万军民漂尸海上，南宋彻底灭亡。大宋忠臣遗民，以生命为国尽忠，为国招魂。只留待我们后人唏嘘南宋往事，或叹或悲或感慨。以此十事，可见宋朝历史脉络的大关节之处。

以上十人十事，共同构成了"宋朝往事"。知人论世，读人读事，把"人"和"事"立体组合起来，这是我们设想的一种新尝试。希望读者诸君与我们携手，一起走进宋朝，欣赏大宋往事，感慨世事变迁，回到大宋场景中，感受历史长河的孤独前行，回味大宋的波澜壮阔。

本人供职于坐落千年古都的河南大学，日常所居之处，每日教学相长之所，就在开封东北角，宋代遗存的"铁塔"之下。这个位置，大概也是王诜"西园"附近。无论"雅集"是不是真的存在，作为宋文化的象征，早已经名垂千古。在西园与宝绘堂旁，走在千年铁塔之下，不由得会生发出思宋之情，悬想宋人生活之景之情，与二三同志研读宋史，更体悟得"雅集"之趣。也是在这个宋文明萌生的一处所在，在辽宁人民出版社蔡伟先生的盛情邀请下，本人虽不敏，但勇于任事，担下了组织撰写"宋朝往事"工作，幸不辱使命，丛书出版后得到了广大读者好评，故有精装版重印之举。希望我们12人通力合作，能以"轻学术"方式，既保有学术上的严谨厚重，又去掉严格脚注带来的束缚与阅读限制，带给大家一点不一样的阅读体会。感谢陈俊达（吉林大学）、黄敏捷（广州南方学院）、蒋金玲（吉林大学）、刘广丰（湖北大学）、刘云军（河北大学）、刘芝庆（湖北经济学院）、仝相卿（浙江大学城市学院）、王淳航（凤凰出版社）、王浩禹（云南师范大学）、张吉寅（山西大学）、赵龙（上海师范大学）等一众优秀青年学者（以上按姓名拼音排序）接受我的邀请并鼎力支持，一起完成了这项大工程。

我们也知道，坊间已经有很多种宋史普及读物，我们新增这一丛小草，希望它也有长久的生命力。我们贡献全力，虽然通俗，但不媚俗，文字尽量有趣，但是绝不流于戏说，希望能为您的读书生活增添一点真正的趣味。当然，高人雅士，亦望教导指出书中不当之处。您开卷展读之时，希望我们12人没有辜负您，也没有浪费您宝贵的时间，更愿读者诸君与我们一起走进宋朝，知宋，谈宋，理解宋。

耿元骊

2024年3月25日于开封开宝寺塔旁博雅楼

目 录

引　子

我们这本书的主人公沈括（1031—1095），生活在 11 世纪的中国北宋时期，是中国古代最著名的科学家之一。我们每个人都与自己所生活的时代有着密不可分的关系，因此要了解沈括，就不能不了解他所处的时代，以及这个时代对他产生的潜移默化的影响。

沈括所生活的宋代，是一个需要我们重新认识的时代。著名史学家陈寅恪曾经这样评价宋代："华夏民族之文化，历数千载之演进，造极于赵宋之世。"曾盛极一时的唐代在安史之乱结束后，在经历了藩镇割据、宦官秉政、门阀党争、农民起义之后走向覆灭。"城头变幻大王旗"，五代十国的帝王们如走马灯一般频繁更换，以至于短短五十三年间，出现八姓十四位国君的局面，将混乱和分裂局面延续和扩大。宋代则是在结束五代十国分裂局面基础上建立的一个朝代。在大多数人的印象中，宋代"积贫积弱"，它不像汉代那样，使人拥有发自肺腑的"犯我强汉者，虽远必诛"的豪横；也不像唐代那样，让人传颂"不破楼兰终不还"的"天可汗"的威名。提起宋代，人们常认为它国势衰弱，尤其在对外战争方面，是一个需要像杨家将、呼家将，乃至岳家军、韩家军这样的忠臣良将扶保的朝代，是一个皇帝屡屡被异族欺凌俘虏、长年向少数民族政权交纳岁币的窝囊王朝。近些年来，随着人们了解的深入，越来越多的人改变了对宋代的原有评价，对宋代社会经济发展给予较高肯定。尤为后人称道的是，宋代的科学技术发展水平，远超与之并立的辽、西夏、金、蒙古（元）等政权，乃至当时的世界各国。

国家的渐趋统一，社会的稳定，人口的增长，各级城市的发达，手工业的繁荣，海外贸易的发展，平民文化的兴起，共同推动了宋代经济的繁荣。在中国古代，人口数量的多少是衡量一个时代社会发展程度高低最直观的指标。宋太祖赵匡胤通过"陈桥兵变"建立宋朝，几乎兵不血刃地取得政权，没有像汉唐王朝建立那样经过大的战乱。纵观整个北宋，人口数量几乎一直是增加的。从宋太祖建国初期 960 年的 250 万户，至宋太宗灭掉北汉的

979 年已增加到 642 万户。再以沈括在世的 60 多年间来看，户数虽有所反复，但人口发展总体的趋势仍然是在稳步增加：沈括出生前后的 11 世纪 30 年代，也就是宋仁宗前期的户数已经是 1000 万户上下，至沈括壮年的宋神宗时期（1068—1085），户数增加到 1500 万户上下，沈括去世前后的宋哲宗时期（1086—1100），户数已经增加到 1900 多万户。甚至有人认为，北宋末期的人口已经突破了 1 亿大关。人口的增加，成为宋代社会经济发展的根本，更是带动了农业、商业和手工业的充分发展。

传统中国是以农业立国，而土地又是农业的基础。随着人口数量的迅速增长，带动了土地的不断开发与利用，宋代耕地面积也随之不断增加。宋太祖在位最后一年的 976 年，北宋政府统计的耕地面积为 295 万亩。到宋真宗在位末期的 1021 年，耕地面积猛增，突破 5 亿亩。至宋神宗在位时的 1083 年，全国的开垦土地已突破 7 亿亩。这些都说明了北宋时期农业的高度发展。而农业的发展，与农业生产技术发展互为表里。曲辕犁的推广，秧马、筒车的发明创造，新品种的引进和农田水利灌溉技术的进步，为宋代农业发展提供了深厚的基础，同时也加速了宋代科学技术的更新迭代。

农业以外，北宋的手工业也得到了长足的发展。比如，宋代的矿冶业发展水平远远超过了唐代，以当时制造主要流通货币——铜钱的主要原材料铜的冶炼产量为例，宋太宗在位后期（大概相当于 10 世纪末）的产量已经是唐宪宗时期产量的 15 倍以上，宋仁宗中后期的产量更是这个数字的近 20 倍。而同样可以流通的白银（当时白银最主要的作用是装饰，流通作用不像明清时期那么重要），宋初期的太宗在位后期和宋仁宗中后期（11 世纪中叶）的产量也分别是唐代元和年间产量的 12 倍和 18 倍以上。在宋代矿冶业的发展过程中，最值得一提的还有煤（当时称石炭）和石油的开采。这两种在后世被广泛应用于国民生活各方面的能源，在当时还是一种新型能源，使大量生产优质钢成为可能，也为当时改良生产工具起到了积极的催化作用。尤其值得一提的是，石油这种现代被称为"工业的血液"能源的命名，就是来源于我们这本书的传主——沈括。

宋代也是一个海外贸易极为发达的时代。唐代及以前，陆路丝绸之路是中国对外贸易的主要通道，但在宋代却受到了各种条件的限制，反而海路贸易逐渐取代了陆上丝绸之路，逐渐成为宋朝发展国际贸易的主要通道。唐代时，在广州设立市舶司，专司负责对外贸易等事务。宋代则在唐代的基础上，又先后在泉州（今福建泉州）、明州（今浙江宁波）、仁和（今杭州）等沿海城市和港口，新增设了市舶司。宋代的贸易船只经常往来于高丽（位于朝鲜半岛）、三佛齐（在今印度尼西亚苏门答腊岛）、阇婆

（在今印度尼西亚爪哇岛）、大食（即当时的阿拉伯帝国）等国。海外贸易增加了宋朝政府的财政收入，也刺激了国内商品经济的发展，对当时的国际间官方和民间的经济、文化交流起到了积极的促进作用。

手工业的各个方面也在北宋有了较大发展。由于当时水上交通的发展和海上贸易的广泛开展，宋代造船业十分发达。北宋对北方的辽国和西北的西夏，又都有不同程度的战争，使得当时的军器制造业有了长足的进步。而纺织业在宋代出现了相对独立的、专门从事生产经营的机户，陶瓷业则出现了以汝、官、哥、钧、定为名的五大名窑，其制陶水平更是让后世顶礼膜拜。

在各种手工业中，尤为引人注目的是印刷术的发展。始于隋唐的雕版印刷，在宋代迎来了黄金时代，随着社会的广泛需求而出现了新的变革，铜版印刷、胶泥活字印刷等也随之应运而生。北宋刊刻书籍开始普及，改变了隋唐时期仅用以刊刻佛经和儒家经典的局面，政府诏令"九经"等儒家经典、科举试卷及范文、学校的教科书随之而日渐普及。宋代的印刷业不再由官府垄断，私家刊刻印刷书籍的作坊也随之蓬勃发展起来，官刻和私刻的印刷业从中央普及到地方，宋代的雕版印刷业也达到了空前的高度，所刊刻的图书数量远远超过了以往各朝代。最重要的是，造纸业和印刷业的繁荣，既是科技发展的结果，更对宋代科技的长足发展起到了巨大的推动作用。

　　农业、手工业的发展，人口的增加，都为宋代文化奠定了较为雄厚的物质基础，而北宋相对特殊的立国背景，也为这一时期城市商品经济的发展带来了发展契机，作为商品交换集散地的草市、墟市和城镇也大量出现。宋代初年，在年征收商税一千贯以上的地区设立商税务院，专门征收商税，征税环节，分过税和住税。凡行商行销货物，每千钱课税二十，叫过税；凡城市商人（坐商）销售货物，每千钱课税三十。据统计，到宋神宗在位的熙宁年间，全国各地征收税务的机构已经达到了近两千处，征收商税的税额也是大幅增加，甚至可以形容为翻着跟头地往上涨。宋仁宗在位中后期征收商税的额度甚至是宋太宗在位后期的 5 倍多，商税也逐渐成为宋代国家财政收入的主要来源，这也成为衡量北宋时期商品经济发展程度的重要指标。

　　另一个体现宋代商业发达的标志就是大中城市的发展，这在从唐到宋的历史变迁当中尤其引人注目。具体表现为：商人阶层兴起，城市商业化，并累积大量财富，坊市制消失，草市、镇市等贸易点沿着水陆交通要道兴起。现代学者提出"城郭分隔城乡作用的消逝"，具体表现为两种现象：一是都市市区溢出城墙的束缚，向郊区发展；二是作为农村商业中心的市镇兴起，且日具城市的形态。因此，旧有的管理方式显然已经不能应对时代发展，于是，和农村不同的乡里管理模式和体系最终在宋代形成。在州县衙门和最基层的城市居民之间出现了一级新的管理体制，也就是厢，这在唐代末年就已经出现，但在宋代得以普及并扩展到更加基层的次一级城市，这种管理模式甚至影响了宋代以后的王朝。

宋代城市的发展，以国都开封的发展最为典型。北宋初年，对开封人口，就已经有了民居"百万家"的记载。但根据学者们的科学估算，北宋东京人数最多的时候，大概在150万，户数则"仅仅只有"13.7万户，而如果包括在籍民户之外的官宦人家和禁军等人员在内，大概在30万户，所以"百万户"更多的是人们对于京城人口的数字认定。但不管"百万户"是一种文学上的夸张，还是人们心目中对于像开封这样的京城人口数的数字界定，这都充分反映了北宋东京人口的繁盛程度。除此之外，北宋的西京洛阳、北京大名府、南京商丘以及江南的杭州、扬州、广州、成都和荆州也是北宋各地区的区域中心城市，也都算是北宋较为繁华的商业城市。沈括的家乡杭州，在隋代开通了大运河，杭州城市也得以实现大发展，成为一个四方百货云集的区域中心城市。

这些物质文明的积淀，为北宋时期文化的蓬勃发展定下了总基调。在经历了纷乱的五代十国之后，宋代初年的皇帝与大臣们，拟定了重文抑武的国策，进而特别重视文教，其最典型的特征之一就是科举制度的不断完善。宋代大规模扩大了科举取士的规模和名额，进士及第后所获得的荣耀增加了全社会对于考取科举者的尊崇，再加上科举及第后立刻就可以被授予官职，而且在为官升迁过程中，科举入仕者往往很受重视，升迁迅速，改变了官僚队伍的人员组成和结构组成，科举出身的官员在高级官员中占了绝大部分比重，而这部分人使得整个宋朝官场对科举制度的认同更是大幅增加。及第后授予官位优待士人的做法，形成了宋朝士大夫与皇帝共治天下的局面。

宋代士大夫继承了晚唐五代以来提倡儒学的传统，扛起"复兴儒学"的"古文运动"大旗，以"修身、齐家、治国、平天下"为己任，以"先天下之忧而忧，后天下之乐而乐"为追求，造就了中国历史上读书人的"黄金时代"。此时，在思想层面，一种深刻影响传统中国的著名儒学思想体系——宋学应运而生。

宋学，以义理之学为要旨，从把握诸经要旨、大义出发，通过疑古创新、务虚与务实相结合，进而达到通体掌握经典，最终实现"内圣外王"的最高理想。尤其值得注意的是，宋学对自然现象充满探索精神，开始注重对上自天文、下至地理的相关事物观察与认知，这无疑推动了科学技术的大发展。英国著名科学技术史专家李约瑟先生在提到宋初新儒学带来的积极社会功用时，用了如下朴实的语言："中国富批评精神之人文主义，至宋代而极盛。此时各类自然科学与技术活动达于顶点，对宇宙科学观之伟大成就，亦肇端于此时，此殊富意义。"李约瑟在《中国科学技术史》一书中更是说道："每当人们在中国的文献中查找一种具体的科技史料时，往往会发现它的焦点在宋代，不管在应用科学方面，或纯粹科学方面，都是如此。"

在沈括生活的北宋时代，传统的科学技术都得到了长足的发展，举凡天文、历法、气象、数学、物理、地质、生物、水利、医学、农学、冶金、建筑以及科学思想和科学理论等，不论是当时，还是在我们后人看来，都处于当时整个人类文明的领先地位。

沈括就是在这样的社会、经济、文化发达的时代涌现出的优秀人物，其一生著述宏富，除了《梦溪笔谈》这部不朽名著外，还有文集《长兴集》《志怀录》《清夜录》，医药著作《良方》（与苏轼所撰的《苏学士方》并称为《苏沈良方》），科学著作《浑仪议》《浮漏议》《景表议》《熙宁奉元历》《圩田五说》《万春圩图记》《天下郡县图》《南郊式》《诸敕格式》《营阵法》，音乐类著作《乐论》《乐律》《乐器图》等，所涉及的门类包括经部、史部和集部，这对我们充分认识沈括提供了最有力的文字材料。

但我们想要全面了解沈括，必须以其身份的多重性为尺度。

沈括的身份是多元的。我们认识沈括，首先应该认定他的身份是一位传统社会的官僚。沈括出生于一个中层官僚家庭，幼年和少年的多数时期随父亲任官而宦游南北，到过泉州（今福建泉州）、润州（今江苏镇江）、简州（今四川简阳）和汴京（今河南开封）等地，加之他天资聪颖、勤奋好学，14岁时就已经读完家中藏书。父亲去世守丧期满后，于1054年由父荫任海州（今江苏连云港市海州区）沭阳县主簿，开始踏入仕途，到1088年因永乐城兵败而被贬历任多地，终任朝散郎、守光禄少卿、分司南京。沈括在数十年宦海生涯中，十分关心民生疾苦，注意农田水利，对相关事务多有建言，在各个职位上都多有建树。

综览他的政绩，主要有以下几个特点：一是，身为一名士大夫，沈括表现出强烈的忠君爱国思想，并积极地付诸行动，这在他察访河北西路、出使辽国和戍守西北等差使上的表现尤为明显。二是，作为一名官僚，沈括始终关注民生，他对地方实际、民生疾苦、农田水利等与百姓生计密切相关的事务十分关注，这在他在地方的施政举措乃至他的诗文里都有较多的体现。三是，沈括骨子里求真务实的科学精神，使得他更倾向于在自己的政治举措中灌注济世安民的施政理念，搜罗医药良方，解决百姓实际疾苦，这突出反映在他搜罗而成的《灵苑方》（已亡佚）和《良方》两本医药学著作中。这三点也可谓是沈括为官和政绩的主要特色。

我们认识沈括的第二个层面，是他的科学家身份。我们通览沈括的人生经历就不难发现，在他人生的各个阶段，都无比勤奋地去专心致志于自己的科学研究。他"发明考证，洞悉源流"，按照今天的学科分类，沈括在天文、历法、数学、物理、地质、地理、生物、化学、医药、工程技术，乃至文学、史学、考古学、语言文字学、音乐、绘画等多种学科领域都有很深的造诣与研究，几乎囊括了时人所能涉猎的各个学科门类。沈括是横跨自然科学和人文学科两大领域的通才。李约瑟更是认为沈括是"中国整部科学史上最卓越的人物"，而沈括晚年写成的《梦溪笔谈》，更是一部中国古代百科全书式的优秀巨著，是"中国科学史上的坐标"。

我们认识沈括的第三个层面，是努力地将沈括还原为一个人。客观来说，沈括是一个出类拔萃的历史人物，他博学多才、学问博雅，也乐于将自身所学付诸实际行动，达到经世致用的目的。但是，沈括为官的时代，正是宋神宗和王安石主持熙宁变法的历史时期，变法本身就意味着存在着改革和非改革派别之间利益的纠葛。在复杂的情势下，沈括由于性格相对较为懦弱，有时候他表现出摇摆不定、患得患失的一面，甚至会屈服于压力而附和权势，王安石说沈括是"壬人"，也就是反复无常的小人。另外在治学方面，沈括的博洽从另一个角度来说，是他的学问太过驳杂，所涉猎的方方面面，连他自己都苦于不能"专"于一，不能深入，于是难免导致有所失误疏忽。就以《梦溪笔谈》来说，这是他晚年被贬谪后退居润州所写，其中就有一些是他根据传闻所得，"缺谬"较多。但正所谓"金无足赤，人无完人"，沈括作为一位杰出的历史人物，也不见得就是一个没有缺陷的"完人"。完整地表述沈括一生的功过荣辱，是我们这本书的宗旨。

我们讲述近千年前沈括的故事，主要分为两大部分：前一部分主要按照时间顺序，讲述沈括的早年经历、初入仕途、参与变法、加强边防、出使辽国、总领三司、兵败西北、终老润州等人生阶段。后一部分主要立足于从沈括的著作出发，对沈括所取得的科学技术成就、科学思想和方法，以及人文方面的成就，来分学科、分门类地揭示沈括的人生成就。

第一章

早年经历

一、世代官宦家

我们讲述沈括，首先从他的生卒年和籍贯说起。

本来像沈括这样的名人，传世资料比较丰富，生卒年应该比较清晰，但细细探究，却发现因为对文献的不同理解，使得沈括的生卒年至少有了四种不同的说法。我们先按照时间顺序看看这四种不同的说法：

1. 宋仁宗天圣七年至宋哲宗元祐八年（1029—1093）；

2. 宋仁宗天圣八年至宋哲宗绍圣元年（1030—1094）；

3. 宋仁宗天圣九年至宋哲宗绍圣二年（1031—1095）；

4. 宋仁宗明道元年至宋哲宗绍圣三年（1032—1096）。

《宋史》卷三百三十一《沈遘附沈括传》中没有明确记载沈括的卒年，只是有这样一句："元祐初徙秀州，继以光禄少卿 [下脱'南京'二字]，居润八年卒。"但明确地记载了沈括享年为"年六十五"，这里需要解释一下，古人的年龄和享年讲的都是虚岁，就是在周岁的基础上再加一岁，所以上述四种说法都遵循了这一说法。

我们先来介绍一下《宋史·沈括本传》这句话。元祐是宋哲宗的年号，秀州就是现在的浙江嘉兴；南京并不是现在的江苏南京，而是当时北宋的"四京"之一，就是今天的河南商丘；润就是润州，也就是现在的江苏镇江。

主张第一种说法的，错误地将"居润"和"分司"连读了，将"八年"理解成元祐八年（1093），再上溯 64 年，由此认为沈括生于天圣七年（1029）。

主张第二种说法的，是根据与沈括有姻亲关系的朱彧的记载。根据朱彧所著的《萍洲可谈》一书，错误地将书中所说的"绍圣初复官，领宫祠"当作沈括的去世年，上溯得出生年是天圣八年（1030）。由于上述两种说法实际上是出于对文献记载的错误理解，所以不予采信。

第三、第四两种说法都比较晚出，也都是根据沈括居润州的年代推算得出来的。我们先讲第四种。第四种说法首创于著名史学家张荫麟先生。在他所写的《沈括编年事辑》中认为，沈括迁居润州，是在元祐四年（1089）向宋哲宗进献《守令图》、被赞赏并得到旨意"仍许任便居住"之后，确实理由充分。但或许张荫麟先生忽略了一条记载北宋历史的重要史书《续资治通鉴长编》卷四一三中对沈括进献地图、受到哲宗奖掖的一条重要记载，说是元祐三年（1088）八月的丙子日，沈括被赐绢百匹，仍从便居止。张先生根据沈括给皇帝所上的《谢表》的说法"出守封疆者再闰，流落江湖者七年"来推算，就多算了一年，所以这第四种说法也不太对。

第三种说法出现得最晚，主张这一说法的是现代学者中研究沈括的大家胡道静先生，他多年致力于沈括研究，对沈括的《梦溪笔谈》研究成果颇丰。其在《梦溪笔谈校正》中纠正了上述张荫麟先生的错讹，确定沈括进图是在元祐二年（1087），受到奖掖是在元祐三年（1088），除了进图年代还略有疑问之外，他所定的受奖年份与《续资治通鉴长编》所记载的相符合，故此本书采信这一说法，即沈括的生卒年当以第三种说法——宋仁宗天圣九年至宋哲宗绍圣二年（1031—1095）为是。

再看沈括的籍贯。目前为止，沈括的籍贯也有四种说法。

1. 根据正史《宋史·沈括本传》记载，为钱塘（今浙江杭州）人；

2. 根据南宋范成大《吴郡志》卷二十八《进士题名》的记载，为苏州（今江苏苏州）人；

3. 根据南宋王称的史书《东都事略》卷八十六《沈括传》的记载，为吴兴（今浙江湖州吴兴区）人；

4. 根据南宋楼钥《攻媿集》卷六十九《恭题神宗赐沈括御札》的记载，为明州（今浙江宁波）人。

一般看一个人的籍贯，首先要根据其父亲的籍贯情况。沈括的父亲沈周去世后，由王安石为他作了一通墓志铭《分司南京沈公墓志铭》，收入王安石的文集《临川先生文集》卷九十八，里面说沈括家族"武康之族尤独显于天下，至公高祖始徙去，自为钱塘人"，可见沈氏家族从沈括的五世祖开始，他们家这一支就从武康（今浙江德清）迁徙到了钱塘。

武康在北宋时属于湖州吴兴郡。自从南北朝以来，沈氏家族成为吴兴的吴姓大族，世人根据家族郡望，称沈括是吴兴人，这是可以理解的。苏州和明州，都不是沈括的本身籍贯，下文我们会提到，沈括的母亲是苏州籍贯，沈括也曾在苏州居住过，并且用了苏州的籍贯考取了科举进士，所以名字被列入苏州本地的方志《吴郡志》中，但不明就里地认定沈括是苏州人是不对的，其实就连《吴郡志》的作者范成大，也没有在书中明说沈括的籍贯。至于明州，则就和沈括的籍贯风马牛不相及了，或许只是因为明州有一支姓沈的家族，在当时也很出名，所以楼钥有这样的误会。沈括自己也说，自己家的祖坟位于钱塘西溪。综上所述，本书采信沈括是钱塘人。

在综合了各种文献后，我们基本廓清了本书传主沈括的基本情况：沈括，字存中，晚年自号梦溪丈人，宋代钱塘（今浙江杭州）人，世代居住于杭州西溪。沈括就生活在北宋时期，生于11世纪30年代，逝于11世纪末，一生经历了仁宗、英宗、神宗和哲宗四位皇帝在位时期。

再者，我们再从沈括家庭和亲属关系来看看沈括成长的家庭环境，从其父系、母系和妻室三个层面，或许可以让我们了解一个更加完整的沈括。

父系亲属。沈括出生在一个并非显赫的世代官僚家庭。沈括的曾祖父叫沈承庆，曾经在定都于杭州的十国政权吴越国担任过营田使，吴越归降北宋后，做过节度使的掌书记（类似于秘书长），后又担任大理寺丞，分管大理寺的各项事务。祖父叫沈英，以学问品行著称于乡里，但还没有来得及担任官职就去世了。留下了两个儿子，大儿子叫沈同，小儿子叫沈周。但根据《苏沈良方》的记载，沈英还应有一个弟弟，在书中被称为"叔祖"，可惜并没有保存下姓名来。

沈同是沈括的伯父，在宋真宗咸平三年（1000）考中进士，做过邛州（今四川邛崃）、蜀州（今四川崇州）、明州（今浙江宁波）、宣州（今安徽宣州）等地的地方官，官至太常少卿。有二子：沈振、沈扶。而沈扶也有两个儿子：沈遘和沈辽，都是当时的名士，以才智和文学闻名一时，在《宋史》中都有传。沈扶另有两个女婿：蒋之奇和王子韶，也是北宋政坛上比较显赫的官员。沈辽有两个儿子三个女儿，两个儿子分别叫沈敏师和沈敦师；三个女儿中，长女嫁给了马永誉，次女嫁给了张寿光。而沈遘的孙子叫沈晦，曾孙叫沈燧，曾经当过临川（今江西抚州）法曹。

沈括的父亲是沈周，字望之。根据沈括父母去世之后的墓志铭记载，沈周的生卒年为978—1051年，而沈括的母亲（下详）生卒年为986—1068年，两人相差年岁达到8岁；同时沈周还有一个女儿嫁给了杨文友，生下一子叫杨构，他的生卒年是1016—1073年。沈括是杨构的小舅舅，但从年龄上来说，外甥却比舅舅大了15岁左右，比外祖母辈的许氏小30岁。换句话说，要实现这一点，许氏14岁嫁人，15岁生下杨文友妻，而杨文友的妻子也需要达到同样的条件才行。而许氏生下长女后，虽然中间又生了长子沈披，但生次子沈括时已经与生下女儿之间相隔30年，似乎于理不通。我们推测，或许沈括的母亲许氏是其父后娶的妻子，这样就好解释得多。

沈周幼年丧父，但与兄长沈同一样，不坠青云之志，于宋真宗大中祥符八年（1015）登进士第。从担任汉阳军汉阳县（今湖北武汉汉阳）县掾开始，之后任过简州平阳县（今属四川简阳）知县，当地的老百姓在沈周离任之后，有感于他在任期间为民所办各项实事，将他的一桩桩事迹镌刻于石碑上。之后沈周南下广南东路的封州，之后又任苏州通判、侍御史等职，之后又先后任职过润州、泉州、明州，晚年担任太常寺少卿、分司南京（今河南商丘），一生可谓宦游各地。他为人宽厚，为官尽心尽力，深受百姓的拥戴。宋仁宗皇祐三年（1051）去世，享年74岁。与夫人许氏，至少生育有两子两女。

沈括有一个长兄沈披，曾做过宁国（今安徽宣城宁国市）知县，后历任多地，先后做过常州团练推官、卫尉寺丞等职。宋神宗熙宁初年担任果子博士。据沈括记载，他的兄长善于射箭，而且还能自己制作良弓。政治上很富有进取心，有一定的行政才能，并积极参与王安石的熙宁变法活动。后来他担任两浙路提举常平，开辟了常州的五泻堰，本打算拦阻附近的江水和湖水围湖造田，并迁徙当时福建路的农民前来开垦耕地，可是并没有成功，反而淹没了八百余顷的农田，沈披也由此被责，得到贬官的处分。到熙宁五年（1072）五月，沈披从两浙路来到陕西任提举常平。到任后，他积极除旧布新，兴利除弊，建议修复武功县的六门堰，并提议将唐太宗和唐肃宗陵地附近的土地分给农民耕种，为此还与表侄谢景温闹过矛盾。在这个官任内，因为兴修水利设施不当，又受到了处分。到熙宁八年（1075）三月，沈披从虞部员外郎换任武职礼宾使，任河北缘边安抚副使，当时正是因为北方的辽国对北宋施加压力，要求重新划分宋辽在河北的边界，双方矛盾一触即发的时刻，沈披为此毅然由文换武，来到河北前线重镇雄州，而沈括也受皇命来到河北察访，可见兄弟二人都是富有爱国热忱的人。到河北以后，沈披在保州（今河北保定）东南一带，组织将当地的旱地改造成水田，以期在农业生产和国防上均能有所助益。但沈披转任河北缘边安抚使几个月就被罢免，到熙宁十年（1077）沈披担任福建路都监，也仅仅到这一年七月就被撤换掉了。沈披为人精干，勇于进取，虽屡遭贬谪，但在所到之处，大多积极兴修水利，也是一位能造福一方的好官。

沈括的父系亲属多数都是中上层士大夫，尤其是父辈都是靠科举踏入仕途，这为沈括提供了良好的家庭条件，也是沈括能成为饱学之士的物质基础。

母系亲属。沈括的母亲许氏，是苏州一个官宦家庭的大家闺秀。曾祖父许延寿，官至刑部尚书。他至少还有一个兄弟叫许延祚，延祚的孙子叫许试，沈括称之为舅舅，而许试生有一子叫许正，许正又有三个儿子分别叫许遘、许适、许远和两个女儿。

许氏的父亲许仲容，曾担任太子洗马。许氏有一兄长叫许洞，是北宋前期著名的战略家和军事家，宋真宗咸平三年（1000）进士，担任雄武军（在今天津市蓟州区东北与河北承德兴隆接界处）推官。他除精通舞刀弄剑之外，还精通《左传》，以文章和政事闻名于当时。而且，许洞还撰写了《虎钤经》二十卷，这部书是北宋重要的军事论著。虽然许洞命运坎坷，但他的文韬武略和进取精神，也深深地影响着自己的两个外甥。

许氏是一位贤良淑德的女性，未出嫁时她对父母非常孝顺，嫁给沈周之后，一直跟随做官的丈夫，相夫教子，操持家业。而且更重要的是，幼年的沈括并没有像其他官宦子弟一样步入学堂，而是与兄长一起，都由母亲许氏亲自教导，母亲并没有像世俗的家长那样过早地让自己的儿子们去考取科举、光耀门楣，而是给予了兄弟俩更多的自由空间，鼓励他们去探寻知识，这为沈括日后积累下丰富的知识提供了可能。

许氏还有一个姐姐，也就是沈括的大姨，出嫁富阳谢涛后生有一个女儿，就是沈括的表姐，而这位表姐最终嫁给了开创北宋现实主义诗风的梅尧臣，也就是说梅尧臣就是沈括的姨表姐夫；

沈括的表哥谢绛，有个女儿，也就是沈括的表侄女，嫁给了王安礼，而王安礼就是北宋时期著名的改革家王安石的弟弟。按辈分，王安礼是沈括的表侄女婿。这样，沈括和王安石之间也有亲戚关系。同时谢家还有一位为后世所熟知的诗人黄庭坚，黄庭坚是北宋著名的文学家、书法家、江西诗派开山之祖。

可见，沈括母系亲属倒是比较显赫。母亲的家族带给了沈括相对深厚的人脉，这也成为他日后综合发展的有利条件。

两任妻子。沈括一生有两任妻子。第一任妻子叶氏，史书记载不多，只知道她在治平四年（1067）初，年纪轻轻的就得病去世，为沈括留下了长子沈博毅。

张氏是沈括的第二任妻子。沈括于宋仁宗嘉祐八年（1063）中进士，守选期满后出任扬州司理参军。当时在扬州担任淮南转运使的张刍和沈括一见如故，他对沈括很是欣赏。张刍入朝后，便极力荐举沈括入昭文馆任职。

沈括的第一任妻子不幸病故后，张刍意将自己的女儿许配给沈括做后妻。张刍对沈括有知遇提携之恩，又官居显位，沈括顾念旧情，便于熙宁二年（1069）娶了张氏为后妻，这位夫人与沈括共同生活二十余年，生有次子沈清直。

史料记载，张氏生性骄蛮，性情凶悍，平素喜怒无常，且有虐待癖好，每次发怒，都要打骂沈括，甚至痛下狠手，狠揪沈括的胡须，以致沈括的胡须连血带肉被揪下。即便是有儿女在旁边看得抱头痛哭，张氏也不肯善罢甘休。看着沈括痛苦的表情，张氏才能消气，以致渐成习惯。沈括性情软弱，养成了逆来顺受的习惯，甚至畏妻如虎，见了张氏，经常吓得大气也不敢出。沈括前妻所生的沈博毅，为后母张氏所不容，被张氏赶出了家门。沈括晚年被安置在秀州（今浙江嘉兴）时，张氏经常步入官府公衙，来控告自己的丈夫。张氏的蛮横，使沈括的身心遭到极大损害。张氏早于沈括去世后，沈括神志已经恍惚不清，以致路过长江时，居然想投水自杀，幸亏被周围的人拦住。但在张氏去世不久，沈括就去世了。看来，沈括能在"妻管严"的条件下，晚年写就不朽名著《梦溪笔谈》，也真是不容易。

二、青少年时代

童年时代的沈括跟随常年在外任职的父亲沈周南北宦游，积累了丰富的见闻，这都被他记载在晚年成书的《梦溪笔谈》中。在书中沈括不无怀念地追溯自己童年和少年时的过往，文笔简洁而又生动。我们了解沈括的童年、少年时期，大多依据他在《梦溪笔谈》中的追记。我们不知道沈括在写下这些对似水年华的追忆时心情如何，却让我们对认识青少年时期的沈括有了一些线索。

（一）随父宦游

沈括出生时，父亲已经50多岁，母亲也40多岁，沈括的出生给整个家庭带来了喜出望外的无尽欢乐。或许是因为父母生育沈括时年纪偏大，沈括自幼身体并不是特别好，这使得作为家中幼子的他，得到了来自父母更多的呵护。没有过早入学和拜师的沈括，是在母亲许氏"所自教"的呵护下长大。母亲给予兄弟二人足够的自由空间，让沈括有了亲近自然、接触社会、探寻知识的兴趣。而沈括的触角深远，仅从《梦溪笔谈》等文献的追记，我们就可以看出青少年时期的沈括强烈的求知欲和广泛的兴趣爱好。

大概在仁宗景祐年间（1034—1038），沈括随父母来到北宋的都城东京（今河南开封），父亲沈周在京城担任侍御史一职。当时京城正月望日（十五日）迎厕神紫姑的民俗，成为迄今所知对沈括早年生活的最早记录。当时有人奉丞相之命来拜访沈周，大概是要求沈周按照他们的要求行事，沈周不听。不久，父亲沈周或许就因为不听话而被外放任润州知事，时间大概在宝元二年（1039），或许沈括不曾想到，很多年之后，润州将成为他的终老之地。

到了康定元年（1040），父亲沈周徙官福建路泉州，沈括也来到了东海之滨，在这里一待就是三四年光景。当时任潮州知事

的王举元（《梦溪笔谈》记载为王举直，然查《宋史·王化基附
王举元传》，曾知潮州的人是王举元）捕捉到一条鳄鱼，鳄鱼很
大，像一条船一样。王举元命令人画下了鳄鱼的图形，并在图下
亲笔写了一段话。潮州和泉州相距不远，沈括不知道是去潮州看
到了鳄鱼，还是只看到了这幅图，在《梦溪笔谈》中他描绘了这
条鳄鱼，说鳄鱼喙长得和身体一样长，牙齿就像锯子的锯齿一
样，尾巴有三个钩，非常锋利。遇到猪、鹿等动物，就用尾巴攻
击这些动物而食用。同时，沈括记载，这条鳄鱼繁殖力很强，生
下的蛋很多。当地人就经常用猪作为诱饵来捕猎鳄鱼。

　　同时，沈括在福建路时，还注意到一种叫"钩吻"的剧毒植
物，被当地人当作毒药用来杀人或自杀。即便是这种植物的一片
叶子也能致人死命，甚至如果和水一起服用，毒性则发作更加迅
猛，人往往还没放下杯子就已经死了。就是这样一种剧毒的植
物，沈括对它进行了细致的观察，他记载这种植物藤是红色的，
有点像丹顶鹤的膝，叶子像杏叶那样又圆又尖，又像柿子的叶子
那样光亮而又厚实。一枝长三片叶子，花是黄色的，并否认了唐
代笔记《酉阳杂俎》的记载。可见，少年时代的沈括就已经具备
探索精神和实践精神了。

　　结束了泉州的任职之后，父亲沈周调任开封府的判官。而沈
括也随父再次来到京城。在此前后，沈括开始正式拜师受业，系

统地接受传统儒家思想的教育。但正规而系统的学习生活，并没有阻挡兴趣广泛的沈括对自然的探索和对各类知识的学习。

庆历八年（1048）的夏天，沈周调任江东路转运使。沈括又跟随父亲来到了古都江宁（今江苏南京）。沈家热心医学，随父宦游四方的沈括也耳濡目染地养成了收集医方的习惯。在江宁时，他认识了当地的医生王琪，王琪向他传授了"神保丸"的制作方法。这个方法直到二十年后的神宗熙宁年间（1068—1077），沈括脖颈疼痛，在大夫们百般医疗、几个月仍不见好的情况下，沈括自制并服用了"神保丸"之后，才告痊愈。

当时的江宁，虽已告别六朝时期的繁华近五百年，但仍有一些六朝时的遗物。如沈括意外地得到南齐第四任帝王萧昭文的一款墓志铭，而当时这块古物正被当作腌制咸肉时的一块普通石头使用，直到被人发现上面刻着的文字，才知道这是有"小谢"之称的谢朓撰文并书写的。沈括将其拓写，并极为珍视地一直随身携带，直到后来被人借去后而不知所终。此时江宁的一座古墓中还出土一通石志，其主人是南朝刘宋宋悫的母亲郑夫人。沈括根据这通石志，对民间贴门神的习俗进行了考证。

（二）借居苏州

仁宗皇祐二年（1050），父亲沈周到明州任知府，可能是因为眼疾，沈括此次并没有随父赴任，而是借居苏州母舅家读书。

或许因为父母生育他时年事已高，沈括自幼体质较差，加上因为兴趣广泛、读书用功，导致身体一直比较羸弱。他一方面运用服气法自我调理，另一方面则需要经常服用中药来进行药物调理。在读书习字之余，沈括开始习医。本来作为家学渊源之一，沈氏一门就在医药学方面颇有建树，家传的医学典籍《博济方》，更是启蒙了沈括搜集医方。在借居苏州时，因苦于眼疾，又收到了别人送来的用以治疗眼疾的"乌头煎丸"药方。在苏州的一年多时间里，沈括因忙于读书，根本无暇顾及这个药方，但折磨人的眼疾时时发作，又看到同样患有眼疾的表哥许复在服用"乌头煎丸"后很快治愈，沈括这才不得已来服用此药。

母亲许氏深受乃兄许洞的影响，潜移默化地将许洞的学问和军事思想传授给了沈披、沈括兄弟。在母舅的影响下，兄弟两个从小对排兵布阵产生了兴趣，他们经常在一起互相商讨切磋交流。在沈括借居苏州时，虽然舅舅许洞已去世 30 余年，但是沈括却时常阅读许氏的藏书以及舅舅许洞的遗著《虎钤经》。在宋神宗的熙宁、元丰年间，沈括受皇命与辽国进行边界谈判，在与西夏的战争中也展现出一般文人所稀缺的军事才能，这大概都得益于曾经借居苏州，大量研读舅舅许洞著作的缘故。

已经年过古稀的父亲沈周在明州的任上只待了一年，越来越差的身体使得他深感无法胜任知州的担子。一年多后的皇祐三年

（1051），沈周被任命为太常少卿、分司南京（今河南商丘）。他离开明州，先回到了家乡钱塘县，当年十一月，沈周病逝，享年74岁。得知父亲去世的噩耗，沈括离开苏州母舅家，赶回老家杭州钱塘为父亲料理后事。第二年十月，沈披、沈括兄弟一起将父亲安葬在钱塘县龙居里的沈氏先祖墓地，并根据族人的引荐，兄弟两人来到舒州（今安徽潜山市），请与自己表哥家有姻亲关系且时任舒州通判的王安石为亡父作墓志铭。王安石撰写了《太常少卿分司南京沈公（周）墓志铭》，这可能是目前所知，沈括第一次与王安石打交道。他或许不会想到，二十年后，他将与这位为父亲撰写墓志铭的人产生爱恨纠葛。之后，沈氏兄弟再次回到钱塘，按照礼制为父亲守丧三年（实际为二十七个月）。

（三）守丧钱塘

杭州在唐代及以前只是一座普通的州城。自十国时期的吴越政权以此为都城后，杭州日渐繁华起来，乃至一跃而成为宋朝东南地区的大都会，在北宋时就已颇为繁华。沈括晚年曾赞誉自己的家乡"为天下第一"，《梦溪笔谈》中的不少篇目都记录有杭州的繁华与文明。借着守丧钱塘的机会，沈括一方面与家乡的官僚士大夫密切联系，交流学习；另一方面，他认真了解当地的文物古迹和民间传说，乃至创造发明。

宋仁宗皇祐年间（1049—1054），在杭州西湖附近挖掘出一座古甬钟，这个甬钟后来被沈括的钱塘沈氏家族人所收藏。沈括在钱塘居父丧时，有幸见到了这座古甬钟，并详细记述了甬钟的形状、规格等情况。同时，沈括根据《考工记》里的记载对其进行了考证，对钟"甬乃中空"的原因进行了大胆的推测，他提出甬（指钟的把手位置）的中间铸空了可能是为了悬挂方便。

作为中国的佛教中心，杭州当时佛教宗派林立，名僧辈出。佛教文化的发达，促进了两项科学技术的诞生发展。

其一，是毕昇发明的泥活字印刷术。这里有一个我们现在耳熟能详的人物——毕昇，他是被载入史册的伟大人物。但不为大家所知道的是，毕昇发明的泥活字印刷术正是经由沈括《梦溪笔谈》的记录，而为我们所熟知。

据沈括的记载，作为普通百姓的毕昇发明的活字印刷术大概发生在宋仁宗的庆历年间（1041—1048）。具体的做法是，先用胶泥刻字，字刻得又细又薄，仿若铜钱的边缘，然后拿到火上烧烤使泥坚硬起来。再准备一块铁板，上面放有松脂蜡和纸灰和成的灰泥。印刷时，将一块铁的模范放在铁板上，上面放有泥活字，满了一铁板就构成一页书板。然后将这样一块活字板放到火上去烘烤，等灰泥熔化后，再用另一块板按压在它们的表面，使得字板平整就像磨刀石一样。用这样的方法印刷一本书，如果只印个两三本，倒看不出这种技术有什么速度优势。但随着印数的扩大，印成百上千本书，则这种技术的速度优势就体现出来了，远远超过以前的雕版印刷。有些常用的字，如"之""也"等，一页之内可能多次用到，因此这种常用的字都有二十多枚。泥活字上面贴着纸条，按照字韵的顺序进行编排，平时如果不用就按次序放到木格中。如果印刷时碰到一些生僻字，可以马上刻印，完成的速度很快。据沈括记载，毕昇之所以使用泥活字印刷，而非木活字，是因为木头自身的纹理疏密不均匀，沾上水高低不平不说，还有易与灰泥粘在一起的不便。毕昇在沈括守丧钱塘时已经去世，这些泥活字印被沈括的族人得到，因而幸运地被沈括记录下来。经过沈括的研究总结和推广，活字印刷术很快得以传播开来，被宋人称为"沈存中法"或"沈氏活版"。沈括的记录对毕昇活字印刷术的推广无疑有着十分重要的作用。虽然当时普遍使用的仍然是雕版印刷术，虽然铜版活字一直到明代才趋于完美，但这项技术对文化的广泛传播有着非常重要的作用，沈括的记载无疑有着十分重要的意义。

其二，是建筑技术的发展。这里也不得不提一个人，就是喻皓。喻皓是吴越国时期的建筑匠师。在《梦溪笔谈》中，记录了他的几个故事。一次是喻皓指导别人修筑梵天寺塔，当时的吴越国王修建梵天寺木塔，但刚刚建成两三级，吴越国王登塔后发现，塔身有些微微晃动，就向工匠们探询究竟。谁知工匠也说不出个所以然，只好回答是因为没有盖瓦，导致上轻下重，所以会晃动。但盖瓦之后又发现，塔依然在动。匠师无可奈何，只好向喻皓请教塔动的原因。喻皓说，只要在塔的每一层都布板，然后用钉子钉实，塔身就不会再动了。工匠照方抓药，果然塔身稳固。类似的传说，在宋代广为流传。如开封的开宝寺塔，也相传是在喻皓的主持下建造完成的。有人见到这座塔，发现塔身北面略高。喻皓解释说，东京多北风，而离塔不远的五丈河导致水土潮湿。在百年之后，北面地面会不断下陷，塔身自然就正了。同时，在《梦溪笔谈》中还记录了喻皓撰写的《木经》，并对书中的内容进行了摘抄，称赞喻皓是"良工"。由于《木经》在流传过程中散佚，就使得沈括的记录有了特别的意义。

沈括的童年、少年和青年的生活经历，我们现在大多数是靠着《梦溪笔谈》中的记载得以还原，字里行间沈括积极的探索精神和旺盛的求知欲都深深地镌刻在沈括生命的年轮上。而这些印记，也深刻地影响着步入仕途的沈括。作为一名富有科学探索精神的士大夫，沈括的仕途究竟是怎样展开的呢？请看下一章。

第二章
初入仕途

    沈括的父亲沈周为官三十余年，足迹遍及大江南北，但大多数只是在地方上担任知州一级的职务，这在宋代的官员体系中，属于中级官员。且沈周为官清廉，家中也不会有太多积蓄。沈括一家人全依靠父亲并不丰厚的俸禄来生活，生活并不富裕，但也不会有温饱之忧。但是当父亲沈周去世后，全家人顿时失去了经济上的来源。沈括的哥哥沈披也出来为官，不过也似乎没有中过科举，到嘉祐六年（1061）前后担任知县一级，面对这样的生活压力，沈括也只得告别过去相对衣食无忧的生活，开始考虑出仕为官。他得到的第一个职务就是到临沭县担任主簿。

一、临沭县主簿

在杭州为父亲沈周服丧三年后，宋仁宗至和元年（1054），沈括以父荫补海州沭阳县（今江苏沭阳）主簿，此时沈括年已弱冠。面对生活带来的压力，已经二十余岁的沈括不得不告别衣食无忧的过去，开始自食其力。

宋代在地方上实行路、府（州、军、监）、县三级行政区划。县的主簿相当于知县的秘书，论官秩可能只有正九品，甚至可能是无品级的低级官员，辅佐知县掌管一县的文书、钱粮、户籍乃至物品出纳等事务，还要处理许多杂事，工作非常辛苦。沈括以往闲散自由，想做什么就做什么，但自从做了这个沭阳主簿以后，再也不能和以前一样地任由自己的心意了。他觉得自己的职务太过繁杂，不可能再有足够的时间去专注于自己以往所关注的学问，为此，他所能追求的，不过是专心一意地把事情完成好，达到"粗善"而已。

沈括在担任临沭县主簿期间，最主要的事迹就是疏浚沭河。沭河起源于今山东省沂水县境内的沂山，向南经莒县、郯城县再流入今江苏境内。历史上的沭河因在流经沭阳县之后，由于水势渐渐缓慢，河水中携带的大量泥沙逐渐沉淀淤积，阻塞了河道，一旦进入汛期，就会导致排水不通畅，有水灾危险。前任沭阳知县因为在治理沭河时处置失当，导致被征调来的民夫们奋起反抗。朝廷为了平息事态，紧急任命沈括来临时代理知县，主持疏浚工作。沈括接任后，面临的形势极其严峻：一方面，老百姓的情绪几乎失控，稍有闪失就有可能导致规模更大的骚乱；另一方面，播种的时节即将到来，如果不能尽快疏浚河流，就有可能错过农时，影响来年的收成。鉴于此，沈括并没有采取高压政策对民夫骚动进行弹压，而是尽力缓和民众的情绪，减少他们的不满。

沈括首先对民众骚乱的原因进行了调查，然后制定了相应的对策。经调查，沈括发现，引发民众不满的原因主要有两个：一是因政令多变，朝令夕改；二是负责巡察监督的巡检对征调来的民夫态度粗暴。政令的朝令夕改使得百姓民心动摇，巡检态度粗暴导致工程进展缓慢，工期逐步延长。为此沈括在主持治理沭河期间，特别强调政令前后一致、赏罚分明，并果断地撤换原巡检，与民众商议，明确工作任务，并将原先工期时长 40 天缩短为 30 天。具有科学实证精神的实地勘查，终使这场风波被平息。之后，沈括带领数万民夫投入到沭河的疏浚工程中，不但疏通了被淤塞的河道，还修筑了两道防洪大堤，修建了九座堤堰，开通灌溉渠百余条，灌溉了沿河的田地，新增了七千顷以上的良田。这都对改善沭阳县的农业生产状况，提高老百姓的生活水平起到了积极的作用。

沈括初入仕途取得了令人刮目相看的政绩，显示出工作认真负责、体恤百姓的为政之风。

一年后，二十余岁的沈括又去海州东海县（今属江苏省连云港市）代理了知县一段时间。但可能是他在东海任职时间较短，缺乏相应记载，情况不是特别明确。但他在东海县一家民户家中收集到了专治小儿"走马疳"（坏疽性口炎）的药方，并从药方中分析出用药中含有砒霜、石灰等有毒成分，因此不能过多服用，并记录在自己的《良方》中。

二、万春圩亲历

在海州担任官职后不久，关于沈括是否还有所任别职，已缺乏记载。我们推断，他应该是赋闲在家，跟随兄长沈披客居宣州宁国县（今安徽宣城宁国市），当时沈披在宁国县出任知县。靠着父亲的门荫出任主簿这种小的职位，虽然工作勤恳认真，也得到了不错的名声，但是由于其不是由进士科举入仕的出身，使得他虽有政绩，却得不到提携与重用，甚至还有随时被解职罢免的风险。

而与此同时，同族之中有一位虽是沈括的晚辈、年纪却比沈括大几岁的沈遘已经在科举廷试中脱颖而出。沈遘是沈括从兄沈扶的儿子，当沈括还在跟随父亲宦游各地的时候，他的这位从侄就已经金榜题名。同族之中出现如此出类拔萃的人，我们不知道是否进一步刺激了沈括通过科举考试进入仕途的决心，但可以肯定的是，对于从小就求知欲望强烈、有志于学的沈括来说，他要想实现远大的抱负，必须通过科举考试这一竞争激烈的入仕途径，几乎是肯定的了。

沈括投奔兄长沈披所在的宁国县，一方面积极学习，为自己投身科举考试做着准备；另一方面，闲不住的沈括也借此机会游览了当地一些名胜古迹，留下自己的诗篇。

在宁国县期间，沈括最重要的事情就是亲历了由其兄沈披亲自主持的修建万春圩的大工程。

圩田，也称"围田"，是中国古代农民发明的改造低洼地、向湖争田的造田方法。早在春秋时期，地处长江中下游的吴、越两国就开始用堤坝来防治洼地，这可以理解为圩田的雏形。圩田的大规模出现，有人说是在南朝，也有人说在唐朝。基本营造方法是：在浅水沼泽地带或河湖淤滩上围堤筑坝，把田围在中间，把水挡在堤外；围内开沟渠，设涵闸，有排有灌。在五代十国时期，与吴、越位置类似的是，南唐与吴越在各自境内大修圩田。而且这种圩田规模往往都比较大，每圩方圆几十里。

万春圩（现在安徽省芜湖市湾沚区）是长江南岸的一块大面

积圩田，原名秦家圩，北宋灭南唐后收归宋廷。宋太宗时，当地官员保护不善，致使圩田被毁达 80 年。尽管有不少人就其恢复提出不少的建议，但这些建议都因遭到各种反对而搁浅。直到嘉祐六年（1061），在时任江南东路转运使张颙、转运判官谢景温及沈披的共同倡议下，重修万春圩工程开始启动。由沈披总负责，并雇募了一万四千多名民工进行施工。沈括专门撰写了《万春圩图记》。这篇文章详细地介绍了修圩过程中，民众和官员对于修圩与否的种种争论，赞成修圩和反对修圩两种意见的争论非常激烈，以至于震动朝野。沈披对反对修筑万春圩的各种意见一一答复，并将自己的调查结果形成文字专门报告转运判官谢景温，由谢景温将兴建计划上报朝廷，宋仁宗赐粟三万斛，作为兴建万春圩的经费。

沈括虽然没有负责修建，但在他写就的《万春圩图记》中将张颙、谢景温和兄长沈披的观点进行了总结，形成了关于水利建设的卓越见解，也就是有名的"圩田五说"。其大体内容主要包括以下几点：

观点一：当夏秋季节汛期来临时，迫切需要有大量湖泊和沼泽，来容纳洪水上涨形成的汹涌洪峰，将二十里的水面排出去之后形成圩，就会使得二十里洪峰的水没有地方接纳，而当上流的水位上涨，洪峰泛滥，就会造成水灾，最终造成损失，反而导致得不偿失。沈括反驳了这一观点，认为这是没有根据的无稽之谈。他认为，当汛期来临时，虽然水位很高，但实际上在圩的北面有丹阳湖和石臼湖等湖泊，绵延浸润达到三四百里。而当每次发水时，圩的周围也会流溢泛滥进而形成湖泊，面积会如丹阳湖三四倍。再加上这个圩的西边，正是和长江相连接，就算从中划出一块二十里的水面用来恢复以前规模的圩田，这对洪水的涨落不会有太大的影响。

观点二：万春圩的西南靠近荆山，沿着荆山的山麓做堤防，江水就会顺着山中的峡谷流过，进而由于水流不畅导致阻塞，导致江水直接去冲灌山的东面，造成次生灾害。沈括认为这样的假设也不符合事实。他认为，在荆山以西，水流宽度和广度还不到一百步，如果将堤岸冲着荆山曲折修筑，这样就会空出两百尺的宽度来扩大江水的容量，这样做会大大降低水流给荆山的压力。即便是万一发生了阻塞，这些障碍会发生在荆山以西，而水患并不是来源于圩田。再即便是东方出现滞留，也可以引导洪水分流。有了这些做法，也不会产生灾害。

观点三：圩水流经的地方，底下会有蛟龙潜伏于水里，易导致圩岸崩塌。万春圩的前身之所以遭到毁坏，实际上就是由这些蛟龙破坏导致的。张颛、谢景温和沈披批驳这个观点纯属无稽之谈。他们认为，这并不是因为有什么蛟龙作祟，而是由于圩水穿过堤岸，排到了堤岸之外。时间长了，自然会在圩堤底下形成水潭。潭水越来越深，就会导致圩堤逐渐塌陷。想要改变这种情况，补救办法就是在底下再建筑一道复堤，将穿堤而出的水流导出之后，冲到几十步以外，最后注入江心。这样水潭就会被远远地隔离在几十步以外，自然就不会影响距离较远的圩田堤岸了。

观点四：自从万春圩前身荒废之后，在这里缴纳租税从事采集茭白进行牧养的人有一百多家，一旦这个地方恢复成圩田之后，这些人就会失去生活的依靠导致民众反抗。沈括认为这个理由也不能成立。他认为，如果圩田被修复，那些原来在这里采集茭白、进行牧养的人，到这块圩田进行耕种，那么也就不会有怨言了。

观点五：圩的东南靠着一个大湖，湖的堤岸不断被风浪冲击，时间越来越长，就很难保证堤岸的坚固程度。沈括认为这样的说法也缺乏科学根据。从自然条件来看，圩田附近的地势并非陡峭，只有一道大概有一百多步宽的缓坡，附属的堤岸还可以种植一行行的杨柳树，堤岸的下面还长着一排排的芦苇。这样受到风浪侵蚀的地方，就会被隔离到距离大堤一百步以上的地方。面对风浪的冲击，堤岸不再是首当其冲被冲击的对象。再加上堤岸本身地基宽广，厚度达到几丈，而末端是逐渐削尖的，狭小到仅仅只有几尺。堤岸的本身并不是笔直的，堤岸之外又有一些缓缓的浅滩，杂生其间的芦苇使得水势得到了一定程度的缓冲，就可以不用与堤岸进行冲突和阻挡，也就不会有什么大的风浪了。

"圩田五说"集中凝结了沈括的智慧，沈括对错误观点的批驳，理由充足，他所提出的主张，也非常符合实际情况。这或许是由于沈括此前曾成功地治理过沭河，有着相对丰富的水利经验的结果。

终于，历经80多天，万春圩建成了。这座圩田宽有六丈，高一丈两尺，长度约有八十四里，在圩田内部形成良田一千二百七十亩，每一顷圩田各成一块，分别用天地日月和山川草木的字进行命名。圩田之中开掘沟浦，在沟中可以驾船。在圩中修建了一条大路，长二十二里，宽度可以让两辆车并行通过，并筑造有五个水口。按照沈括的估算，将这些圩田租给广大农民进行耕种，每年可收粟三万六千斛。种植其他经济作物，比如菇蒲、桑树和麻的收入可以拿到五十余万钱，修筑成本很快就能收回。四年后，江南地区发生大洪水。周边地区更是洪水泛滥，冲垮了无数户民居，但建造好的万春圩依然独立，安然无恙。

尽管万春圩取得了立竿见影的效果，但由此引发的反对声音却不肯善罢甘休。因为在万春圩修筑完成后，当地官员还用剩下的物资在太平州芜湖县另外又筑造了一个百丈圩，结果赶上发大水的时候，百丈圩沉入水中。反对者借此捏造事实，向皇帝报告说万春圩也沉入了水中，张颙和谢景温因此被贬职。

沈括的《万春圩图记》并没有明确的完成时间，但根据序文中提到四年以后发大水、百丈圩沉入水中的消息来看，可以大体推断出《万春圩图记》应该写作于宋英宗治平二年（1065）以后。在这篇序言文字的最后，沈括深有感慨地说，在江南地区像万春圩这样的荒地，多到好几百。至于当时的荆湖襄阳汉水和京东路、青州、徐州一带，地广人稀，被抛弃的耕地也更多。从前只要号召开垦土地，大家都是很积极响应。沈括认为农田水利的办法难有起色，完全是由于人的观念相对落后造成的。就像修筑万春圩成功了，人们却不相信它的好处；而百丈圩的破坏，反而让人们都相信它的坏处。对张、谢二人最终被贬，沈括流露出了一些消极看法，但这并不能动摇沈括大力主张兴修水利的想法和做法。这为多年以后沈括能以积极的态度参与到王安石主导的熙宁变法之农田水利法的实践中埋下了伏笔。

三、科举中进士

宋代是科举制度发展的重要时期，科举制度不但在宋代日趋完备成熟，而且成为一种选拔官员、笼络士人的主要手段。宋代中科举对读书人最大最直接的好处就是可以凭此进入统治阶层，成为一名官员。沈括的童年，是在随父母宦游南北中度过的，这种经历培养了沈括广博的兴趣和旺盛的求知欲。但在宋代，无论你有多高的真才实学和多强的治国理政能力，如果没有"进士出身"这个金字招牌，仍然不能得到重用。沈括因为父荫而担当一县主簿，甚至还曾代理过知县，但由于没有正规的科举出身，仍然不能被委以重任。因此沈括到宁国县投奔兄长沈披的一个重要目的就是准备科举考试。

宋代的制度，参加科举考试的举子要先通过地方上的考试（称发解试），考试合格的人将于第二年进京参加尚书省礼部主持的全国性考试（称为省试），此次考中的人再参加由皇帝主持的殿试，随即就可以按照排名的先后顺序，由朝廷授予一定的官职。在万春圩亲历之后的第二年（嘉祐七年，1062），沈括再次来到苏州的舅舅家，参加了苏州当地的科举考试，考取了第一名（解元）的好成绩。第二年春天，沈括赶赴京师东京汴梁参加二月举行的礼部省试。那年的考官有范镇、王安石和司马光，这一年放榜的进士有194人，状元是福建闽县（今福建福州）的许将。根据统计，《宋史》列传中有专门传记的人除了沈括和上述的状元许将外，尚有吴居厚、吴执中、虞策、龚原等人，这些都是沈括的同年进士。

按照当时的规定，进士第七名以下的考取人员和明经等其他科考取人员，被初授的官职是判司簿尉官，并且都必须经过守选。所谓守选，就是指没有获得参选注官的资格，还必须等候有官阙，期满后才能做官。沈括的成绩在前六名之外，也同其他守选的人一起等待守选期满。在等候期间，沈括先回到自己的家乡杭州，在南新县（今杭州富阳区万市镇）看见一户人家正在砍伐一株柿子树，而树木上写着"上天大国"四个字，沈括认定这幅书法为唐代书法大家颜真卿的字体，可见沈括的书法鉴赏能力。治平元年（1064）守选期满后，沈括被任命为扬州司理参军，负责扬州当地的刑狱诉讼。

扬州因处水陆要冲，南来北往的人很多。当时的扬州知州刁约，也对沈括很是器重，沈括在负责好本职工作的同时，还被知州刁约要求兼做平山堂修缮的记录工作。在沈括到任扬州的十七年前，也就是庆历七年（1047），北宋著名的文坛领袖欧阳修也曾知扬州，再次修造平山堂，专门以此来聚会邀约天下名流，当时有不少士大夫纷至沓来，使得这所平山堂名闻天下。而随着欧阳修的离任，平山堂渐渐为人所遗忘。至沈括到任之际，平山堂已经破败不堪，为了让平山堂重新焕发光彩，知州刁约决定重新修缮平山堂，并于第二年顺利竣工。沈括受刁约之命，撰写了一篇《扬州重修平山堂记》，对扬州的地理位置、平山堂的建造情况和知州重新修缮的过程作了详细介绍。刁知州后来又修成九曲池新亭，也请沈括作文以记录情况。

也就是在这一年（1065），沈括遇到了他未来的岳父张刍。张刍是濮州鄄（今山东鄄城）人，出生于宋真宗大中祥符八年（1015），比沈括大将近 16 岁，当时任淮南路转运使，这为之后沈括的政治生涯带来了很大助益。宋代的转运使掌握当时的一级行政区划——路——的财政，同时还有举荐官员、为朝廷推荐优秀人才的职能。而淮南转运司的治所就在沈括任职的扬州。沈括曾以下属的身份去拜访张刍，张刍与沈括相谈甚欢，对沈括颇为欣赏。张刍惜才，便竭力向朝廷推荐沈括。更是在三年后，当沈括的前妻去世之后，张刍又将自己的三女儿嫁给沈括续弦，可见欣赏、信任的程度。

在张刍的举荐之下，加上本就有"及第进士"的金字招牌，沈括很快得到了朝廷的垂青。这一年（1065）九月，沈括被宋英宗降诏任命编校昭文馆书籍。宋代和唐及五代一样，设立三馆（即昭文馆、史馆和集贤院）和秘阁一起保管、编校宫中的图书。馆阁的官员是宋代储备选拔人才的重要来源，进入馆阁的官员一般不受正常升迁次序的限制，升迁速度很快。中央的很多高级官员如宰相大多出自于馆阁。因此，当时的士大夫都将进入馆阁看作仕途的大好捷径，甚至可以说是做梦都想进入馆阁为官。沈括担任的编校昭文馆书籍虽然从隶属关系不属于馆阁官，但是按照规定只要在这任职两年以上就可以升为馆阁校勘，从而进入馆职序列。可以说，展现在沈括面前的是一条宽阔的、充满希望的仕进之路，这使得沈括在前往京城时踌躇满志。迎接他的也确是他人生发展轨迹上的第一个黄金时期。

沈括于治平二年（1065）九月到任编校昭文馆书籍，至宋神宗熙宁元年（1068）八月，迁官为馆阁校勘。在这期间，沈括有了接触皇家大量珍藏书籍的机会，其中就有严禁民间私藏和私学的比如天文、历法方面的书籍，这给对知识十分渴求的沈括带来了较大便利。

沈括在馆阁期间，主要做了以下三件事情：一是删订三司条例；二是详细考订改进浑天仪；三是在科举考试中奉命点检试卷。三件事情最能发挥沈括专业特长而又最有成就的便是第二件，详细考订改进浑天仪。

在《梦溪笔谈》中，沈括记录了自己在考订改进浑天仪时与另外一位官长的谈话。通过这番谈话我们可以看到，自幼兴趣广泛的沈括在天文学方面已有相当高的水平，虽然上述谈话中沈括所表述的某些观点被后来的人类探索证明不是完全正确的，但在其中，沈括详细分析了造成日食和月食的天文学原理，却与现代天文学成果高度吻合。其实，沈括早就利用闲暇时间潜心研究天文历算之学。他从历代的历法中选取了 11 部相对重要的进行研究，发现历代的这么多历法与实际发生的时间都不吻合，有的甚至相差在 30 天以上。严重的历法讹误使得沈括对天下的历法普遍产生了怀疑，由此萌生了重新考订律历的想法。

而熙宁元年（1068）的沈括，可谓亦喜亦忧。喜的是，前妻亡故之后，娶了张刍的第三个女儿为妻子，尽管沈括还不能预知这个妻子能给自己带来怎样的晚年。另一方面，沈括还从馆阁编校转为馆阁校勘。但没想到没过几天的八月十七日，沈括的老母亲许氏在东京去世。按照宋朝的惯例，沈括需要守孝，他辞去了刚刚担任的馆阁校勘，护送母亲的灵柩回到故乡杭州钱塘。第二年（1069）与兄长沈披将母亲与父亲沈周合葬在杭州钱塘龙车原。守丧期满后已经到了熙宁四年（1071），沈括重新返回京城述职，得到了宋神宗和已经开始主持变法的王安石的器重，被委以重任。由此，沈括开始积极投身到王安石变法的大潮中去。究竟沈括在王安石的变法中又有何作为呢？请看下一章。

第三章

参与变法

沈括于熙宁四年（1071）为亡母许氏守丧结束后，再次回到京城继续任职。此时的宋王朝，已经如火如荼地开展起变法来了。

此时的北宋，自太祖陈桥兵变、黄袍加身以来，立国已经超过一百年。虽然这一百年来，国家总体上保持着和平安定的局面，政治、经济、文化、教育、科技等都得到了长足的发展，但是在这"太平盛世"的表面之下，其实隐藏着诸多问题与矛盾，使得宋王朝走到了一个命运沉浮的十字路口。主要表现在以下两个方面：

"三冗"问题日益严重，主要表现为国家财政入不敷出。所谓"三冗"，就是指冗官、冗兵、冗费。宋太祖通过陈桥兵变上台，为了消除后周原有官僚的抵制和反抗，尽可能保留了原来的国家机构和官员队伍；但在取得政权和消灭十国割据势力的同时，又先后设置了一批新的政府机构。加之科举制度进入官僚队伍的人也日益增多，越来越多的官吏出现在官僚体系之中。同时为了分割某些权力，导致了相互牵制和官员行政效率低下。随着"守内虚外"的国策、加强中央集权，同时也因对内压制民众反抗、对外抵御辽和西夏的侵扰，军队人数也不断上升，以至于宋仁宗时期的禁军人数已经达到宋初禁军人数的三倍以上。而随着官员、军队人数成倍地增加，巨大的官俸和军饷日渐成为国家财政的非常大的负担。特别是军费开支，几乎占到财政收入的一大半。到宋仁宗后期，国家的财政赤字日益严重。为了解决这一困境，只能想方设法地增加税收，这样加重了对民众的剥削程度，但也是杯水车薪，没能从根本上解决财政危机和经济困境，使得"三冗"成为困扰宋代统治者的一大难题。

二是土地兼并导致国家与民众的矛盾日益激化。宋朝对于土地兼并虽采取了一些措施，但基本上对于大地主、大官僚的土地兼并采取听之任之的态度，文武官员与地方豪强使用各种卑劣的手段，大肆侵吞土地，到宋仁宗后期，大致经过了三次土地兼并的高潮。土地兼并导致自耕农的数量日趋减少，农民失去了赖以生存的土地资源，矛盾进一步激化。大官僚、大地主占有土地后，利用手中的特权，更是千方百计地偷逃国家的赋役和税收，又把赋役税收摊派到农民头上。这样不仅加重了农民的负担，而且国家税收也大量流失。

面对如此情形，宋代统治者自仁宗中后期就开始尝试通过改革来摆脱困境。宋仁宗庆历年间（1041—1048），以范仲淹为代表的改革者拉开了"庆历新政"的序幕。范仲淹提出了十项改革措施，却遭到其他官僚阵营内部的强烈反抗。范仲淹等人迅速被排挤出中央政权，"新政"也随之宣告夭折。尽管如此，面对日益陷入危机的统治局面，士大夫们要求变革的呼声却日益高涨，一场轰轰烈烈的大变法已成大势所趋。

熙宁元年（1068），刚刚20岁出头、即位一年有余的踌躇满志的宋神宗接到了翰林学士王安石进奏的一份札子。这就是著名的《本朝百年无事札子》，这个札子几乎就是王安石变法的宣言和变法的纲领。在札子里，王安石对宋代建国百余年来的政治、军事、赋税和理财、农业生产等情况，做了全面的陈述，并对当时无处不在的那种因循、疲沓和浑浑噩噩的萎靡局面进行了批评。为此，竭力劝说宋神宗变法图强，做有为之君。宋神宗也是一位想有所变革的青年皇帝，他广泛地听取各方意见，积极为变法做着各项准备。经过与王安石的多次交谈，宋神宗对王安石提出的旨在"富国强兵"的变法主张十分赞赏，决定对王安石委以重任。熙宁二年（1069），王安石被任命为参知政事，次年（1070）十二月，王安石正式拜相，开始了一场北宋历史上声势浩大的变法运动。

当沈括回到京师复职之时，立刻受到了宋神宗和王安石的赏识。到熙宁四年（1071）十一月，宋神宗任命沈括做检正中书刑房公事的要职，这个职务是王安石变法期间新创设的。按照宋朝时制度，宰相称为中书门下平章事，当时的中书门下一共设有五房：孔目房、吏房、户房、兵礼房、刑房，相当于五个分别对口处理相关方面事务的办公部门。宋神宗创置检正中书门下五房公事一员，沈括担任的正是在每房两员的从检正五房公事。从其设置来看，以王安石为代表的变法派，希望通过选拔一批有才干的人士来加强中书门下这五个部门的管理与监督，提高办事效率，进而扫清保守势力在中书行政渠道方面设置的障碍，为推进变法能全面深入地开展提供行政保证。当时能够担任检正的人大多是才智出众且积极参与变法的有识之士，而非平庸之辈。沈括回京后不久，就能出任检正中书刑房公事，既表明了他拥护变法的政治主张，也说明了他的学识和能力得到了变法派，特别是与其有渊源的王安石本人的认同与赞赏。

而在这一变法大潮中，沈括充分展现了自己博学多才的一面。他利用自己在众多领域内的渊博知识，兴利除弊，取得了突出成就，赢得了信任与倚重。

一、主持汴河疏浚

唐末以来，尤其是五代中后期，东京开封由于其漕运便利的优势，地位日益凸显。而流经开封的汴河随着南唐被灭、吴越纳土归降而成为沟通国家南北的重要漕运通道。加上北宋建国之初，宋太祖为了加强对地方的控制，采纳赵普的策略，下令将各地官府正常开支之外剩余的钱粮，经过水路或者陆路运送至京城开封，汴河水运的重要性不言而喻，也因此朝廷对汴河的治理以及航道的维护非常重视。由于汴河是一条人工运河，汴河的水流常常受到季节性枯水期的影响，为了保证汴河航运的畅通，宋朝廷往往大量引黄河水进入汴河，但黄河水中携带着大量泥沙，汴河由于水流速度较慢，夹带着的黄河泥沙慢慢沉积下来，久而久之，淤积的泥沙淤塞汴河河道，影响了汴河的正常通航，到了汛期，也很容易发生水患。所以，宋廷几乎每隔一段时间就需要疏浚汴河河道。

沈括在《梦溪笔谈》中记载，宋初，为了确保汴河的畅通，每年都要征调开封城及其周边三千多民工来疏浚运河。到了宋真宗的大中祥符年间（1008—1016），又命令开封周边的地方长官亲自负责其辖区内的汴河河段及其沟渠的疏浚。这种做法分工明确，责任到人，开始确实较有成效，但时间一长，命令不严，各级官员逐渐放松了疏浚治理工作，使得汴河几乎每年都有淤塞的现象，更有官员在疏通开封附近沟渠时，将渠水引入汴河，导致汴河淤塞愈加严重。到了神宗时期，汴河夹带的泥沙不断增加，不仅影响到漕运的正常运行，而且这些不断沉积的泥沙使得汴河河床不断被抬高，汴河高悬于京城地平面之上，成为一条"悬河"，这样一旦堤坝垮塌，损失将不可弥补。

熙宁年间，变法派在积极推行变法的同时，将治理疏浚汴河的工作也提上了日程。由于沈括当时拥护变法，而且博学多识，还曾经成功治理过沭河，因此，到熙宁五年（1072）九月，王安石在打定主意要疏浚汴河时，首先想到的人选就是沈括。

沈括也不负众望，积极投身汴河的疏浚工作。他首先对汴河两岸的地势、水流和河床的情况进行了实地考察，测量出从京城到泗州淮口的精确距离是八百四十里（这个里是宋代的里制）一百三十步，这段是汴河最为要紧的一段。沈括还创立了分层筑堰测量地形的方法，这在当时是非常先进的测量地势高低的方法。在《梦溪笔谈》中有记载：首先在沟里筑坝，分别测定上下游水位的差距，然后将各段的水位差距相加后，就得到开封到泗州之间的地形高度差。据他测算，北宋都城开封附近，比泗州高出十九丈四尺八寸六分。对于这种做法，我国当代地理学家竺可桢就称誉道："欧洲古代，希腊虽曾测海岸之远近，罗马盛时亦有测量街道之举，但地形测量在（沈）括之前则未之闻。"充分体现了沈括这种测量方法的开创性。

然而这次运河并没有最终修成，主要是因为运河所经过的地方，需要开山拓岭，工程量着实是十分浩大，以至于到沈括落职离开时都没有完成。一直到元丰二年（1079），在时任督水监丞范子渊的带领下才算最终完成。但沈括做的一些前期测量工作，对清理和疏浚汴河所起的重要作用，不应被历史所遗忘。

二、改革郊祀礼仪

我国古代的统治者非常重视礼仪制度，宋代也概莫能外。在建国之初，宋太祖就让大臣们对照唐朝的《开元礼》，并根据当时社会形势的变化和世俗民情，编纂成了《开宝通礼》，据说有两百卷的规模。到了宋仁宗统治后期的嘉祐年间（1056—1063），欧阳修和苏洵又在《开宝通礼》的基础上增删损益，修撰成《太常因革礼》一百卷。宋代的礼制也有吉礼、凶礼、军礼、宾礼、嘉礼五类。这五礼适应于不同的场合，简单来说，祭祀之事为吉礼，丧葬之事为凶礼，军旅之事为军礼，宾客之事为宾礼，冠婚之事为嘉礼。而其中的吉礼是首屈一指的，它主要用来祭祀天神、地祇、人鬼三大类。在这其中，最隆重的典礼当数郊祀。

所谓郊祀，是古代皇帝率领三公九卿等文武百官于京城的郊外祭祀天地，南郊祭天，北郊祭地。尤其是皇帝要亲自奔赴南郊去祭祀上帝，使得南郊祭祀在规格上更为尊崇，规模上也更加浩大。

在北宋初年，一般都是在国都东京的南薰门外设立祭坛，因为是圆形的，因此被称为"圆坛"，坛侧建造有斋宫，是皇帝在南郊郊祀的临时住所。宋代的南郊祭祀，从真宗皇帝开始，基本固定为每三年举行一次，时间一般设在每年的冬至时节。而要去南郊郊祀之前，为显隆重，皇帝都要去祭祀黄帝的景灵宫和自己先祖的太庙去祭告。

在熙宁元年（1068），神宗皇帝为了减少开支，曾于当年八月颁布诏书，告诫以后参加南郊祭祀的官员要避免不必要的浪费，这说明神宗已经注意到祭祀活动中的浪费问题。但所能做到的只是从祭祀用的器具和前往南郊的交通工具来减少和压缩开支，而并没有简化其中烦琐的仪式来应对浪费问题及繁文缛节，于是命人重新制定南郊祭祀的礼仪制度成为一个要解决的问题。

关于南郊祭祀的礼制，以王安石为主的变法派决定重新编修与之相关的《南郊式》。他们首先推荐了当时担任秀州（今浙江嘉兴）判官的李定，没想到李定没过多久就遭到官员们的弹劾，只好又决定由沈括来完成。沈括接手这个任务后，决定参照《周礼》和唐代的礼制，同时考究宋朝建国以来郊礼制度的演变和沿革过程，并针对以往在南郊大礼仪制度中存在的问题进行改革。熙宁五年（1072），《南郊式》成稿，全书共一百一十卷，目录一卷。对于这本书在改革南郊仪制上的作用，沈括很是自信，宋神宗也对此予以较高肯定。

沈括的郊祀礼仪改革主要表现在：一是，对南郊祭祀烦琐的礼节进行了删减，进而达到减少开支、避免浪费的目的。以往，虽然南郊祭祀三年举行一次，但由于这是国家所有祭祀活动中最受重视的一项重大礼仪活动，各级官员大费周章承办，必然会导致大量人力、物力和财力的耗费。而其中不少官员又趁机上下其手，从中敛财，使得整个活动的费用越发居高不下。二是，沈括对原有礼仪制度中违背礼制的做法也进行了改变，尊重了礼制中所要求的君臣有别的原则，并突显了皇帝的尊严。

应该说，沈括在南郊礼仪制度上的改革确实是值得充分肯定的。

三、迁提举司天监

其实，沈括在提举疏浚汴河的同时，还有另一项差事——兼任提举司天监的工作。司天监是宋代前期的天文历法机构，到宋神宗后期改名为太史局，主要负责观察天文星象、预测吉凶、制定新历法和选定黄道吉日等事务。古代的统治者都比较相信"天人感应"，把天文现象的变化与人间的社会政治变化相联系，认为两者之间存在着某种神秘的内在联系，这种"天人感应"的思想长期以来影响着人们的思想和行为。

王安石变法期间，因为触动了大地主、大官僚的利益，反对变法的人也时常利用"天变"和"灾异"来对变法派进行攻击。王安石虽有"天变不足畏"的思想，但架不住皇帝宋神宗也认为天与人之间有着某些关联，所以不管是变法派还是反对派，都对天文现象非常关注。而通过对历法进行改良，进而准确把握天文现象变化的规律，对于变法派反击守旧派利用天变来反对变法是十分必要的。

沈括在早年间做编校昭文馆书籍时，就曾利用闲暇时间潜心研究天文历算，并曾经奉命详定浑天仪。他在发现原本的旧历法与实际发生的天文现象不合后，就产生了重新考订律历的想法。沈括的几个重要天文学说，大体都是在这个时间段创立的。

沈括在《梦溪笔谈》里记载说：有一次他遇到了一位官长，官长向他提出了几个天文学方面的问题，如二十八星宿黄道经度、日月的形状和日食、月食发生的条件等。沈括就此进行了详尽的阐释。主要有以下几个方面：

　　第一，对于月亮的盈亏现象，沈括用月亮盈亏的现象来论证日月的形状，他用一个比方，生动形象地描述了月亮盈亏的道理。官长问他，太阳和月亮的形状，到底是像一颗弹丸，还是像一把团扇？沈括首先认为太阳和月亮的形状更像一颗弹丸，并以月亮有盈亏来验证。他说，月亮本身是不发光的，它的光源自对太阳光的反照。每当新的一月开始时，我们在地面上望见的月光事实上是阳光照到了月亮的侧面，这时候我们看到月亮的形状就如同钩形；而当太阳逐渐远离月亮，月亮受太阳斜照，月亮的全貌逐渐呈现，我们就会看到月亮慢慢地变圆，这时候就好比一颗弹丸，半边涂上白粉，从侧面看过去，有粉的地方像钩形；但从这面看，月亮是一个正圆形，所以看起来就像是一颗弹丸。在中国古代历史上，东汉的科学家张衡就曾指出月亮不会发光，而是反照了太阳光才让我们看起来它是发光的事实。沈括继承和发展了张衡等人的这一说法，并且用更形象化的语言，来说明这一事实，更加形象生动贴切，这在当时也是难能可贵的。

　　第二，日食和月食发生的基本原理。古代的天文学家，如南北朝时期的张子信、唐代的孔颖达，都对日食的发生规律有过阐发。官长提出的第二个问题也与这个有关，他问沈括，太阳和月亮的运行，在初一到十五期间，总是几乎和我们处于一条直线上，那么是不是每逢初一和十五，就会发生日食或者月食？沈括在这些学者的基础上，对此做了进一步的研究，科学地说明了太阳、月亮之间的复杂关系。他指出，当太阳射到地球上的光线被月亮挡住时就会发生日食，日食一定发生在农历初一的时候；而当月亮走到我们的影子里，没有接受到来自太阳的光，就会发生月食，月食一定发生在农历十五日或十六日。但在初一或十五（十六）日的时候，不一定发生日食和月食，这是因为在地球上每个月份看到太阳运行的轨道（黄道）和月亮运行的轨道（白道）并不重合，它们之间就形成了一个很小的夹角。只有在黄道和白道交点附近，太阳、月亮和地球三个天体，在近乎达到一致时，才有可能发生日食和月食。此外，沈括还记录了对日食和月食过程的观察，对日食和月食发生的初亏复圆等阶段的食相、日食和月食必然从西方开始等问题，都有详细的描述，这些都记载在其《梦溪笔谈》中。

第三，就是有关交点退行的说法，这是沈括天文学成就中非常重要的一点。太阳和月亮轨道的交点在黄道向西移动，也就是说，逆着月亮本身移动的方向移动，这是太阳对月亮吸引力的作用造成的。月亮每运行一周，交点移动大概 $1°5'$，经过 18 年零 7 个月，交点就会旋转一个圈，白道则又回到原来的位置上，这就是交点的退行。沈括提到，大概 249 交就是一个周期。他在前人学说的基础上，指出每月交点后退一度多的现象，因为计量的不同，古今对 10 的大小认定不同，249 个交点也大概只相当于 18 年零 6 个月，因此所计算的每月交点后退度数，和采用的交点运行周期，都还达不到今天那样精确，但沈括对此的观察，确实已经足够让我们刮目相看了。

提举司天监一职，为早就提出上述三条天文学说的沈括提供了大展才能的绝佳时机。北宋时期，政府设有两个天文院，一个是司天监天文院，还有一个是翰林天文院。这两个天文院职能相同，都负责观察天象，进而预测吉凶。两个部门之间则是相互监督，每天夜里，司天监和翰林院的天文院分别记录天文现象的变化，到第二天清晨时，由官员将这两个天文院所做的记录进行相互对照和验证。这样做的本意是防止出现虚假不实的记录，但令人气愤的是，两个天文院的官吏长期串通，敷衍了事。官员的不负责任，再加上观测天象和计时的工具也不准确，这样得出来的观测结果自然是谬误百出。

沈括在主持司天监的工作后，面对这样的混乱局面，一心想通过大刀阔斧的改革来实施整顿。为此，他首先对司天监的人员进行了调整，将其中一批严重失职的官员清除出队伍；其次，引进了一批精通天文历法的人才来编撰新的历法，原先那种敷衍了事和懒散无为的局面得到了有效改善；再次，沈括大力做好人才举荐工作，他力荐并重用一个叫卫朴的民间学者，这位卫朴本是楚州（今江苏淮安）一所小庙里算卦的，虽然身份低微，但实际上是一位精通天文历法演算的高手，沈括对其不吝赞美，称他是一位精通演算、计算准确的奇才。他不以卫朴的出身为意，力排众议，将他招入司天监并委以重任，负责编撰新的历法。实战证明，卫朴确实是一位天才级的天文奇才，他对先秦到北宋的三千多年间的几百次日食，计算很是准确。在别人算数都要借助筹码的情况下，卫朴只要用口算就可以了。同时，卫朴还有超人的记忆力，编订历法所需要的大量数据，他居然能过耳不忘。更让人诧异的是卫朴居然是一个盲人，这种神乎其神的技能和惊人的毅力着实让人佩服。

说到宋神宗时期的历法编修，咱们还得多啰嗦几句，这着实是沈括在提举司天监时的一件大事。北宋修改历法，可谓相当频繁。北宋每一位皇帝在位，都颁布过新的历法。但即便是更新得如此频繁，北宋的历法依然是屡有讹误。在沈括主持编修历法之前，北宋主要采用了《应天历》《乾元历》《仪天历》《崇天历》《明天历》等五种历法，它们被使用的年份长短不一，长的可能达到40年左右，短的只有10年。一般来说，一部历法正常的使用时间也就20年左右，就得更换一次。更换如此频繁的北宋历法，其原因根据沈括的说法，是以没有实际测量的数据作为依据。沈括就曾经测算过，《大衍历》到宋神宗熙宁年间的偏差已经超过了 50 多刻。

但即便是再次修历，由于设备不精密，新修的历法造成的偏差仍然很大，加上司天监以往的记录观测和记录的天象资料错讹很多，卫朴在编新的历法时既没有精密的观天仪器，天象资料又不准确，也只能依靠旧有的历法。卫朴编成的新历法虽然纠正了一些错讹，比原有历法更精确，但其中的差错也不可避免地存在着。更让人错愕的是，这部新历法在颁行后不久就出现了月食没有验证的现象。熙宁八年（1075）正月，宋神宗决定重新校正新历，而此时的沈括虽然已经升任三司使，但还是举荐了卫朴，他建议由卫朴根据新制作的天文仪器测得的天文现象数据来校订新历。沈括能如此重用一位来自平民阶层的卫朴编撰和校订历法，可见沈括在用人方面秉承着一种务实的态度，也与王安石变法中对人才的要求有相通之处。

在沈括的一再坚持和举荐之下，神宗皇帝最终同意再次由卫朴来校订新历。沈括主持司天监后，继续领衔主持修纂新的历法。他专心观测天象，在卫朴的帮助之下，终于在熙宁八年（1075）修成和使用新的历法《奉元历》。这部新的历法，以365.24358500 日为一个回归年（回归年是指太阳周期性的两次通过春分点所需要的时间），拿来和现在的 365.2422 日相比，虽然差距较大，但比起以前的宋代历法，已经较为接近实际了。经过这次校订的新历确实比起原来的历法更加准确，比更早的历法更加精密，因此赢得了皇帝的赞誉，顺利启用新历。

俗话说，工欲善其事，必先利其器。沈括在司天监做的第二件重要事情就是主持对旧有仪器的改良改造，制造出新的浑天仪和浮漏、景表等。浑天仪是古代一种天文观测仪器，它以浑天说为理论基础制造，是由相应天球坐标系各基本圈的环规及瞄准器构成的古代测量天体的仪器。浑天仪的制造最早始于汉代，唐代天文学家李淳风设计了一架更为精密完善的浑天黄道仪。浮漏是一种利用水滴来测算时间的仪器。景表则是测量太阳影长的工具。这些传统的测量天文现象的仪器在宋代科学技术发达的时代背景下得到了长足的发展。

沈括早在编校昭文馆图书的时候就已经开始参与浑天仪的改良工作。到他奉命提举司天监之后，他向朝廷提交了新式的浑天仪等天体测量仪器的模型，提出了改良旧有的观察天文仪器的建议，并且就天文仪器的改良提出了具体的措施，在其三篇文章中进行了详细阐释，反映了当时天文学方面最高的理论水平，也体现出沈括卓越的天文学素养。到熙宁六年（1073），提举司天监的另一位大臣对沈括递交的新制浑天仪模型给予了肯定，主张依照新式模型制造新的观察天文仪器，最终被朝廷采纳。一年后，这些新的观察天文仪器制作完成并被安置在翰林天文院内。

　　沈括在司天监的努力赢得了神宗皇帝的肯定与赞赏。为了表彰沈括在修撰新历和改良观察天文仪器方面所做出的杰出贡献，皇帝下诏，提拔沈括担任右正言一职。不久之后又提拔沈括担任掌管草拟诏敕的知制诰，及掌管收受天下章奏案牍及阁门京百司奏牍、文武近臣表疏上报皇帝，然后颁布于外的通进银台司。知制诰最主要的任务是给皇帝起草诏书和命令，有非常多亲近皇帝的机会，这绝不是一般文人士大夫所能达到的高度，这说明了沈括的博学多才确实赢得了最高统治者的赏识。

四、察访两浙地区

　　神宗和王安石推行的变法，最主要的目的是富国强兵。要富国，就要在经济方面实施一定措施。王安石在经济方面推行的新法主要有均输法、青苗法、农田水利法、免役法、市易法、免行法、方田均税法等。其中的农田水利法，除了要垦荒和疏浚河道以外，还要新开辟大量农田。但是要兴修水利工程，必然要侵占官绅地主所有的私人土地，这就埋下了矛盾的种子。

　　当时的两浙地区，日渐成为国家经济发展的重心。两浙，也就是浙东和浙西，大概相当于现在的浙江全省和上海市，以及江苏镇江市以东、金坛、宜兴以东地区。在当时分为东、西两路，浙东路治所是绍兴府，浙西路治所则在临安府。两浙作为宋代重要的粮食生产区，但水灾隐患大，因此，水利工程兴修就显得尤为重要。在王安石的举荐之下，宋神宗任命沈括前往两浙地区考察、整修。之所以选择沈括，大抵一方面因为沈括是杭州籍，另一方面沈括早年有过相关的水利兴修经历，加上沈括本人个性缜密、为人正道，与相关利益者无过多牵扯，于是，熙宁六年（1073）六月，沈括从首都东京出发，前往两浙路察访。

到达两浙后的半年左右时间里，沈括不辞辛劳地在两浙各地进行巡视，考察当地的民风民俗和农田水利建设情况。在此基础上，对两浙地方管理上存在的诸多问题也有针对性地提出了一系列整改办法。沈括认为，兴修水利工程已经成为当地迫在眉睫的重要任务，必须加紧实施，由国家拨款，并募集百姓修建。因为此时两浙地区的常州和润州（今江苏镇江）等地遭遇旱灾，大批饥民正需要国家的救济。于是，国家招募这些饥民来兴修水利，不但没有加重百姓的负担，而且还能救助饥民，更重要的是，使得水利工程得以修建，可谓是一举多得。这一想法得到了皇帝的认可。

除此之外，沈括在两浙期间，还提出了不少惠民措施。沈括提出，两浙以种田为生的人很多，他们种地丰收之后，因急切地想得到钱，就只好把收获的稻米贱卖给比较有钱的人家，但是大半年后的春夏季自家粮食出现短缺，又迫不得已从这些有钱人家以高价买粮度日。谷贱不利于农业的生产，谷贵又容易引发饥荒并带来一定的社会不安定因素。在沈括的建议下，朝廷在两浙路实行敛散法，设立了多个和籴仓，避免中间商的盘剥克扣，用来调节粮价，进而保护农民生产的积极性，缓解社会矛盾。

除建设水利方面，沈括还负责察问政治得失，尤其是地方执行推进新法的情况。经过查勘，沈括发现两浙路各州有隐瞒遗漏税收、诡名挟户的现象。所谓诡名挟户，是指宋代地方地主和官僚为规避赋役，虚立名户假报户籍，其下又可分诡名子户和诡名挟佃两类。诡名子户是一户虚立几户以至几十户户名。如父、母、妻、子各立户名，官户则将阶官、职官和人名各立户名。其目的是降低户等，以冒充下户，规避应由上户承担的部分赋役。诡名挟佃是将田产隐寄于官户、形势户，冒充客户，规避应由主户承担的某些赋役。这实际上是地主官僚逃避应缴纳赋税的惯用招数。沈括发现在常州无锡县，逃绝和诡名挟佃的就有五千多户，在苏州长洲县，赔纳税钱就有两百多贯。王安石推行新法所施行的方田均税法，正是为了防止这一弊病。新法确定民户占有土地的情况，将投寄在这些人名下的民户列出，让他们负担国家赋税。两浙路的土地因为没有进行过丈量，这种弊病就更加严重。沈括一方面选派官员逐个州去予以清查，一方面定出了一个让隐瞒遗漏的户口"自首"的办法，并且要求，地方官如果能够尽心查究，可以将功抵过，不再问罪。隐瞒遗漏的人家如果能在期限内"自首"，也可以免于追究。虽然史书上并没有明确记载推行这一举措所起到的效果，但我们推断，应该还是起到一定作用的。

在关心群众疾苦方面，沈括也做出了较大贡献。两浙地区是丝绸的重要产地，朝廷规定每年要上交给国家的帛达到了98万匹，后来发运司又假借名义，变本加厉地要求增加细绢的预买，每年还要再增加12万匹。沈括在走访民众期间发现民户负担如此沉重，就于熙宁七年（1074）三月，向皇帝奏请适当减免，为民众减轻了很大的负担。

在行政体制变革上，为了增加地方行政效率，沈括建议朝廷把两浙路分为浙东、浙西两路，朝廷同意了沈括的这一奏请。虽然之后两浙路也一再复合，但这个奏请到南宋时期终于固定下来，可见沈括的这一建议确实有一定的前瞻性。

沈括在两浙路的时间其实很短暂，前后只有九个月的时间，但他将新法身体力行地贯彻到两浙路地方，并且尽自己所能地将事情办好。神宗皇帝对他也还是十分看重的。到熙宁七年（1074）三月，朝廷任命沈括同修起居注，到八月又任命沈括担任知制诰，兼任通进银台司。至此，沈括得以跻身朝廷高级官员的行列。

除了上述的几点之外，我们还将看到沈括在加强宋代河北边防和武器制作方面的匠心独运和突出表现，请看下章。

第四章

加强边防

熙宁七年（1074）八月，沈括被朝廷从两浙路召回，代替章惇担任河北西路察访使，在他奔赴河北的途中，朝廷又让沈括兼任提举河北西路保甲，担子更加重了。这次河北之行，有两层特别的历史背景：一个是当时宋辽边界发生了领土争端，再一个是王安石变法在河北正深入开展。

当时的中国北方，是在唐朝末年就已兴起的、由契丹族建立的辽帝国。五代时期，当时还以自己的民族为号的辽就已经深刻地影响了中原王朝的走势。当时契丹不断南下，到后唐的末年，当时任河东节度使的石敬瑭为了夺取皇帝宝座，向比自己还年轻

11 岁的契丹皇帝辽太宗耶律德光称臣称子，成为历史上臭名昭著的"儿皇帝"。不久，石敬瑭在契丹的军事帮助下灭掉后唐，建立了后晋，为了酬谢契丹在自己开国过程中所起到的举足轻重的作用，就把契丹觊觎已久的幽云十六州割让给了他们。幽云十六州，即今北京、天津北部（海河以北），以及河北北部地区、山西北部地区。

幽云十六州的丧失使得中原王朝失去了与北方游牧民族之间的天然和人工防线，而继承五代的北宋王朝虽然用了将近二十年时间尽数消灭十国剩余的割据政权，但在局部统一后，时时感受到契丹的威胁。宋太宗太平兴国四年（979），赵光义以消灭十国最后的割据政权北汉之余威，试图一举收复幽云地区，但在高梁河（今北京西直门外）与辽军发生激战时，没想到宋军大败，宋太宗中箭，乘驴车逃走。到宋真宗景德元年（1004），当时的辽国皇帝辽圣宗和自己的母亲萧太后亲率大军一路南下，深入宋境，一直打到北宋澶州（今河南濮阳）城下，后与辽国在澶州签订了停战和议，史称"澶渊之盟"。之后宋辽边境长期处于相对稳定的状态，河北由此成为宋辽两个政权对峙的前线阵地。

河北西路，包括现在河北省下辖的邢台、邯郸、石家庄、保定等市地。地处北宋帝国的北部边疆，与辽国接壤，也是北宋当时最为重要的军事地带之一。辖区设有真定府、中山府、信德府和庆源府四个府和九个州、六个军，共有六十五个县。由于地处与辽国对峙的军事前线，沈括在察访河北西路期间，最重要的任务就是改革军政和巩固边防。

一、加强北部边防

宋神宗、王安石所推行的变法，在军事领域内采取的变法措施主要有：（一）将兵法，即重新编制军队，加强军队的训练，提高河北军队的战斗力；（二）保甲法，就是在地方上设立和组织民户建立保甲，维持地方治安的同时，也可相应地代替军队，分担军队的部分任务；（三）保马法，就是将原政府蓄养战马的任务转移到民间。

恰在这个时间前后，宋与辽之间发生了领土纠纷。这也与宋朝廷当时的变法息息相关。宋神宗在任用以王安石为代表的变法派推行变法后，国家的财政状况确实得到了极大程度的改善。此时，神宗觉得"富国强兵"的目的初步达到，此时需要改变宋真宗以来对外一直用金钱购买和平的做法。为此，神宗决定先拿刚刚建立不久的西夏政权练练手。西夏占据了现在的宁夏回族自治区、陕西北部，还有甘肃、青海和内蒙古自治区的一部分，其首府在现在宁夏银川东南部的兴庆府，势力相对北方的辽国来说不那么强。因此，宋神宗决定派兵平定西蕃，想以此打压西夏对于陕西北部的军事压力。但没想到，这引发了契丹人的不安，他们为了探察宋军的虚实，越过边界在拒马河设置哨所。拒马河以北是辽国的南京道，以南是宋朝的雄州（今河北雄县）。越过拒马河实际上是一种侵扰行为。辽国还派遣使臣萧禧来宋，要求与北宋重新划定边界，同时在边境上聚集重兵，摆出南下侵扰的态势，试图以此来压制宋对西夏乃至辽的军事企图。

在宋辽边境紧张局势的背景下，沈括接受朝廷的任命来到河北，他首先考察当地的军备情况。在定州期间，他与当时的定州安抚使薛向一起，以打猎为名进行考察。他们用 20 多天的时间认真仔细地考察了从西山到唐城之间的山川道路和地势地形，并将其一一绘制成地图。回到居所后，沈括将绘制在纸上的地图刻于木板上，并制成立体的地势模型进献给皇帝。宋神宗对此非常感兴趣，并将大臣们召集起来，一起观赏沈括所献的木板地势图，并下令在边境地区大力推广。

沈括在河北西路的时间虽然不长，但他以认真负责的工作态度，不辞辛劳地到边境巡察。回到汴京后，向皇帝提出了 30 多条整改措施，所提出的各项建议基本上都得到了皇帝的认同与采纳。他的这些建议主要涉及边防建设、军队整顿、边民管理等方面：

第一，建议加强薄弱地方的守备防御设施，提高平原地区防范敌人的能力。沈括在河北边境地区发现当时的保州（治所在今河北保定市）、顺安军（当时治所在今河北高阳县东旧城）以西到平州（治所在今河北卢龙县北）之间是方圆三十多里的平原地带，基本上难以抵挡契丹骑兵的纵横驰骋。在宋仁宗庆历年间建起来的用于蓄水、进而阻挡骑兵的堤塘也已湮废。由此，他主张重修堤塘，引入曹河（今河北保定徐水区南三十里漕河）、鲍河（又名鼋河，即今河北瀑河，滦河的主要支流）等河流的水，一旦契丹骑兵来犯，必要时甚至可以掘堤用水淹死他们。这样契丹进入华北平原后便只有北平军（治所在今河北省顺平县）一条路，而定州守备的军队、滹沱河等河流前后阻挡，就可以使来犯之敌必败无疑。沈括在防御契丹侵扰方面之所以采取把河流决堤作为淹死敌军的做法，主要还是针对契丹军队善于用骑兵作战的习惯。我们知道，骑兵素来有速度快、机动性强的特点和优势，特别适合在平原作战，而华北平原几乎可以让骑兵毫无阻挡，甚至可以一马平川地冲到黄河一线。而一旦出现这种局面，地处黄河沿岸的都城开封等北宋统治的中心地带就几乎无险可守了，所以修筑这样的堤塘，可以充分利用地形优势阻挡契丹骑兵。但没想到朝廷有人对此表示反对，说这样违反了宋辽和约，而且毁坏农田，沈括的建议不了了之。

此外，沈括巡察时还注意到，当时河北西路边境线上原有的烽火台因为建造时间长，存在着疏密分布不均等缺陷，不利于在战争中真正起到作用，于是向朝廷建议重新布置建造，对此神宗予以采纳。

第二，沈括重视利用河北地区的山川河流走势和地形地势等自然环境，因地制宜地在一些地区建立天然防线，而对那些不利于防范敌军侵扰的地段进行有规划的改造。由此，沈括建议在定州城北到西城战国时期中山王坟墓之间的旷野上引河水种植水稻，这样既可以发展农业生产，又能凭借稻田形成的泥泞水田地阻挡契丹骑兵的侵犯，从而在定州城北形成一道天然的稻田屏障。其实，沈括的这项提议并不是他的独创，而是受到了当时在瓦桥关以北的边境上蓄水设置障碍的启发。他因地制宜地引水源开辟稻田，成效更加显著。

第三，沈括对于修筑城防，也做出了一些新的部署。他建议在边防要紧的地方修城展筑，于是在他的主持之下，招募了缺少粮食的民众修筑了深州城，又展筑了赵州城。当时澶州城是河南部和河北部的交通枢纽，大河纵贯澶州东西，上面架浮桥，是军事上的必经之路。为了保护这个南北交通紧要的津渡，沈括请求朝廷添置防火设备，以防被地方奸细所破坏。此外他又建议在定州以北，选择在契丹侵扰的路上，先根据地利优势设置营寨，以便当有情况出现时，发动骑兵出击。

但是由于受时代所限，沈括也采取了一些在我们后人看来不怎么高明的招数。最主要的就是他反对开发边地的富矿资源，认为这是资敌行为。元氏县有一座银矿，转运使本来打算设置成官采，沈括却提出反对，他说旧时银城县坊城都已经落入契丹手中，一旦被契丹学会了开采矿山的做法，那么对北宋根据澶渊之盟"贡献"给契丹的银子，就不会感到稀罕了，这会影响宋与辽之间订立的和约，或许会爆发战争。沈括还反对在定州以北种植榆树和柳树，居然请求皇帝将已经存在的"数以亿计"的树木全部砍伐，理由居然是榆树和柳树的木料可以建成营寨，虽然可以防备北方之敌袭击，但也很容易落到契丹人的手里。一旦落入契丹人之手，他们可以用那些林木抵御弓箭和石头进攻，甚至榆树和柳树的木材可以作为攻城的工具，反而对宋朝不利。这种消极的做法和提法，就是与沈括早年的一些言论也有自相矛盾的地方，更何况沈括的这种提法，事实上也反映了他一种害怕生事的心理，是一种苟安思想的反映，这并不值得提倡。

二、推行保甲之法

保甲法实施于熙宁三年（1070），最初只是在京师开封推行，后来逐步扩展到京东路、京西路、河北路、河东路和陕西五路，后来逐步推广到全国。

　　在河北西路时，沈括还将王安石变法中所采取的保甲法等举措在河北西路加以施行。主要表现在：

　　一是加强对边境居民的管理。边境的居民是宋辽两国交战最直接的受害者，战乱给边民的生命财产带来了巨大破坏，大批民众为了躲避战乱纷纷逃离原先的居住地，成为流离失所的流民。沈括提出将边境的居民动员组织起来，进行准军事化的管理与训练。沈括提出推行保甲法和坊市法，以此安置边民。保甲法的具体做法是，每十户人家组成一保，设立保长；每五十户为一大保，设立大保长；每十大保设立一个都保，设立都保正和副保正。具体到每一户，有两个丁（一般指成年男子），其中一人任保丁，需要置备弓箭，要进行训练，并实行保内连坐法。当时，保甲法已经在京城汴京所辖的京畿各地施行，并进一步向京东和京西诸路推广。沈括巡察两浙农田水利期间也曾加以推行。他在河北西路推行保甲法，更多的是站在这个地处宋辽对峙的军事前线的角度，主张把当地民众武装起来，共同抗击来犯的契丹势力，并设置关口，严禁当地老百姓逃难离开。在此政策影响之下，河北西路得到壮丁百万，可以作为士兵使用。

　　沈括认为要保证保甲法在河北西路地区的贯彻实施，需要在资金经费上予以充分的支持。宋朝廷就此采取了"上番"和"教阅"两项举措。所谓"上番"，是指让全国各地的有常产的税户

（宋代称之为"主户"）保丁都要轮流在巡检司开展执勤，协助维持当地的社会治安，政府为此对他们给予一定的补贴。按照规定和要求，河北和河东等路实行"上番"，每个月一换。所谓"教阅"，是指在开封府和河北、河东和永兴军路（治所在今陕西西安市，包括现在甘肃东部、陕西北部、山西西南部等地）推行，规定地方上的乡兵每年十月到次年正月的农闲季节，分批到所在的州县进行准军事化训练，一般每期大概周期在一个月左右。"上番"和"教阅"这两项制度，都是王安石为使宋代由募兵制向征兵制过渡而采取的最重要的一个步骤。但是这两项举措，都需要较多的金钱投入。当时的国家财政并不富裕，因而这两项举措所需要花费的经费常常得不到保证。

沈括还在任命教官进行保甲教阅前，对教官的资格进行了严格的审核认定，还对其进行相应的监督与管理，保证教官的业务素质。同时在安抚使司精心选择一批军官，让他们与各县官员共同监督，确保训练的地方乡兵有较高的质量和水平。沈括对乡兵有更严格的要求。在筛选和考核这些乡兵时，他制定了相对严格而又统一的标准，对其中成绩优良的人记录在案，并进行严格的管理。

此外，与保甲法相辅相成的，沈括还推行了坊市法。宋朝的大部分地方官担心被契丹掳走的宋国民众被放回来的时候，混进契丹的奸细，因而对回来的汉民不敢加以接纳。沈括决定以乡党为别，分别在不同的坊内，办理坊籍并加以登记，限制其进出。

沈括的上述建议，得到了最高统治者神宗的肯定，并得以实施。沈括对边防提出这样切实可行的举措，一方面源于他一贯以来科学严谨的态度，他利用到河北半年的时间，考察了当地边境的形势；另一方面源于他早年受到舅舅的影响，对军事方面一向有所留心，这在此后的知延州兼任鄜延路经略安抚使、抵御西夏时，得到了更加充分的发挥，可见他在军事战略方面的卓越才能。

但是，我们也应该看到，虽然从某种程度上来说，对河北边民进行准军事化的管理与训练确实能在防范契丹袭扰上取得较好的效果，但边民毕竟只是民众，尚无法与接受正规军事训练的军队相提并论，而且边民需要从事日常劳动和生产，并需要以此养家糊口。这就使得无法把对军队的管理方法完全用到对民众的管理上，否则耽误了民众的正常生活生产，反而不利于当地的防备工作。要对付契丹快速灵活、机动性强的骑兵，不但要使得民众对强弩的使用方法熟练掌握，而且训练骁勇善战的骑兵也是十分必要的。实行户马法则是王安石变法中提升骑兵战斗力所采取的一项举措，而沈括在河北采取的一些做法，实际上和王安石变法的措施有不小的出入。这使王安石等变法派对他的态度发生了变化，某种程度上影响了他日后的仕途。

三、主持军器监事

沈括于熙宁七年（1074）九月，又受命担任了一个新的兼职——判军器监。所谓军器监，在唐代曾经设置，宋代初年没有设置。这个机构是王安石在熙宁变法期间重新设置的，旨在解决长期以来困扰宋朝廷周边少数民族不断袭扰的问题。这个军器监主要负责兵器的铸造和储备，其前两任长官都是变法派的重要人物。而神宗选择沈括兼判军器监，正可看出神宗对于沈括的看重。沈括在主持军器监工作期间可谓兢兢业业，他在武器制造与改良、作战战术的阵形以及修建堡垒等方面都取得了较好的成绩。

武器制造方面，沈括十分注意各种攻防武器、军事装备的制造与改良。北宋所处的时代，仍然是冷兵器时代，作战主要的武器为弓、箭、刀、弩。弓箭在当时是非常重要的武器。沈括早年受舅舅许洞的影响，对兵器一直都很有兴趣；而且沈括的兄长沈披也是一位善于射箭，甚至能自己制作良弓的人。沈括在家庭的影响下，对良弓的研究非常有兴趣。他提出"弓有六善"的观点：一者往体少而劲，二者和而有力，三者久射力不屈，四者寒暑力一，五者弦声清实，六者一张便正。"往体"是古代弓箭的专有名词。在古代，弓由两部分组成：一部分是往体，就是弓向外的揉曲部分；另一部分来体，就是弓体向内的部分。而且沈括认为制作良弓、能让射出的箭强劲有力，最重要的部分就是弓的筋弦。制筋的方法有两条：第一，弓筋的长度每增加一尺，弓干的长度就要减少一半；第二，使筋预先受拉力，使紧靠筋的材料预先受到压力，发挥筋的抗拉作用，以此提高弓的弹力。沈括对制作弓的弹性材料和力学性质阐述非常精当。他独到的见解和精当的分析为后世历代兵家所称道，并在此后的兵学著作中被广泛称引。

沈括对于熙宁初年百姓李定（一说叫李宏）向朝廷进献的神臂弓兴趣极大。李定本是党项族的酋长，这里的神臂弓是一种远距离射击武器，其威力远比一般的弓弩要强太多，杀伤力极大，被赞誉为当时最高精尖的武器。神臂弓弓长一般为三尺两寸，弓弦长二尺五寸，机弩用铜制成。神臂弓的最大优点是射程远、射力强，有效射程能达到二百四十步。沈括就此提出由弓弩院大量制造神臂弓，力求让神臂弓能在战场上展现出它巨大的威力。

在沈括的积极努力下，到熙宁八年（1075）五月，军器监向当时宰相报告工作时提到，自从设置军器监一年多以来，所生产的武器数量是以前的几倍乃至十几倍，在如此短时间能取得如此惊人的成就，此时主管军器监的沈括厥功至伟。

　　沈括在主持军器监不到七个月的时间里，还奉神宗的命令制定了阵法。其中一个阵法叫"九军阵法"，这种阵法又称"八阵法"，是古代军队中一种排兵布阵的方法，据说这种阵法可以追溯到黄帝时期。这种阵法深奥而变化多端，唐代的名将李靖通晓此阵法，并在这个阵法的基础上又发展出新的阵法。熙宁年间，曾经有一个叫郭固的将军按照神宗的要求制定了九军阵法，但一番实践发现，郭固创制的这个阵法排阵复杂庞大，缺乏灵活性不说，其实际操作过程中难以应敌的弊端也一览无遗。到熙宁八年（1075），沈括接受皇帝的命令重新制定九军阵法。沈括根据自己的研究，认为九军阵法应当是各自为政，虽然分列前后左右，但是这九军各占地利，以驻队外向自绕，即使越过各种地形，也不妨碍各自成营。号令一响，前进后退，有条不紊；九军合为一个，则当中分出四条道路，呈"井"字形，这时候九军都是背靠着背，两面相对，四头八尾。神宗同意了这种阵法的颁布，沈括又把这套阵法编著成书，起了个《边州阵法》的名字，作为政府档案存入了秘府。

　　为了锻造优质的钢材，沈括在主持军器监工作期间，还专程跑到河北磁州（治所在今河北磁县）考察冶炼铁的作坊。在《梦溪笔谈》中，沈括描述了自己在磁州见识到真钢的形成过程。他说，将质地较好的铁加热反复锻打一百多次，每次锻打都称一次重量，结果发现每次锻打都会比上次减轻一些，一直锻打到重量不再减轻的时候，就会得到真正的钢，沈括说这是铁中最为精致纯熟的部分，再经过锤炼，重量也不会减轻。这种钢颜色清晰鲜明，磨光后颜色呈青灰色，与一般的铁有着很大的差别。沈括还介绍了两种不同的炼钢方法，他的记载，反映出我国古代的钢铁生产拥有悠久的历史和丰富成熟的经验。

另外，沈括还利用自己的知识劝服宋神宗使用车阵法来对抗契丹骑兵。面对契丹骑兵，王安石主张使用车阵法，但没想到，当时河北制造战车的进展缓慢，为此，朝廷决定征调民间的车辆，这事遭到了老百姓的反对，朝中大臣也有人对此颇有微词。沈括认为，民间的太平车笨重迟缓，民用还可以，在兵贵神速的战场上根本难堪大用，最终说服了皇帝打消要征用民车的做法。

沈括在军器监期间，还与其他大臣编写了一本名叫《修城法式条约》的书。在这本书中，沈括规定了敌楼（城墙上御敌的城楼，也叫谯楼）、马面（古代沿着城墙所建的在平面上凸出于墙面外的墩台，作用是加固城体，便于观察和夹击攻城敌兵）、团敌（城墙四个角砌成圆弧的墙角）等式样。虽然这本书亡佚了，但在《梦溪笔谈》中，沈括以当时延州（今陕西延安一带）的旧丰林县城的赫连城为例，描述了密集设置马面的重要作用。

军器监的设置，取得的成果还是值得肯定的。至熙宁八年

（1075）五月，军器监成立才一年零九个月，当时向皇上汇报了设置军器监后的生产情况。产量比之前多数十倍，少的也要多出一两倍。就单拿修衣甲一项来说，当时一共 7805 副，比未设置军器监时多了 4809 件；造箭 1384000 支，比设置之前增加了 333500 多支。成绩不可谓不喜人，而沈括当时兼任这个职务才九个月。

　　沈括以他对古代兵法的熟稔和对边境战备情况的了解，使得他在主持河西北路军务和军器监期间，尤其是他在主持军器监期间，严谨求实做了大量实际的工作，为宋代的防备边患、军器制造做出了重要贡献。同时，令人折服的是，沈括在外交方面也展现了自己过人的才能，请看下章。

第五章

出使辽国

一、宋辽边界冲突

北宋建国以后，一直就与北方的辽国和西北的西夏等少数民族政权经常发生冲突与摩擦。澶渊之盟虽然结束了宋辽之间的长期战争，使得宋辽边境地区维持了一种相对稳定平静的局面，但是辽国并没有放弃想南下鲸吞宋国的野心，两国之间一些领土纠纷一直存在，甚至激化。

宋辽在澶渊之盟后，曾爆发过三次争端，仁宗、英宗、神宗在位期间都有发生。到了宋神宗熙宁五年（1072）秋天，辽国兵

马再次越过两国边境线的拒马河，进入北宋一侧，宋国这一侧的
雄州官员立刻将辽国这一行径报告朝廷。宋朝文武大臣普遍认为
这件事应该与辽国据理力争，要求他们停止侵扰行为，并拆掉所
建的口铺。此时王安石正在积极筹划对西夏的军事行动，因此并
不希望与辽国在边境起争端而影响大局。他认为，契丹这次实际
上只是想通过制造事端获取一些利益，而并非要同宋大战一场。
同时，河北边境防御工作还比较差，还不足以应付契丹南下，因
此当务之急是要加强军事防御，提高守备水平，避免契丹背弃盟
约，导致河北防备措手不及。这一点还是能看出王安石作为政治
家是有其远见卓识的。

　　宋之河东与辽之蔚州（今河北蔚县）、应州（在今山西应
县）、朔州（在今山西朔县）等州接壤。到神宗熙宁时实际边界
已从古长城南移三十余里，到达宋代黄嵬山（今山西原平市崞阳
镇西南方向）北麓。熙宁六年（1073）冬天，辽再次派来使节，
称宋国在上述三个州设立营舍铺屋，侵犯了辽国的土地，提出
两国应该以分水岭为界重新划分两国边界，并且认为分水岭只是
一个泛称，而非确指，不能作为两国划分边界的依据。这其实是
辽国的挑衅行为，但宋神宗对辽国这次的无理要求采取了妥协策
略，同意两国重新商定边界。

　　到熙宁七年（1074）三月，辽再次遣使至宋，宋神宗接见了

辽使萧禧。神宗提出宋辽双方各派官员到边界，共同察看并商议两国的边界。七月，宋神宗派遣了刘忱和吕大忠与辽国派遣的萧素、梁颖交涉相关事宜，共同勘定河东界止。宋使坚持认为不存在宋国侵占三州地界的说法，辽使则坚持蔚、应、朔三州与河东应以分水岭土垄为界，而经双方当面案视，根本没有所谓土垄。双方互不相让，谈判也从夏天一直拉锯到了秋冬，辽使最终恼羞成怒。辽使萧禧仗着辽国在军事上的优势，无端指责宋国拖延谈判，辽国坚持认为将河东的黄嵬山（在今山西省原平市北崞阳西南）作为两国的分界线，并声称如果不答应辽国使团的要求，他就绝不回国。宋国派人与其展开会谈，但辽国就是不让步。

按照当时的惯例，宋辽两国使节到达对方的京城，一般停留的时间只有十天，但萧禧在宋都汴京待了十四天仍然丝毫没有返回辽国的表示。面对辽国如此强硬而又无赖的态度，宋神宗再次妥协，任命当时担任知制诰的沈括以假（代理）翰林院侍读学士的身份担任回谢辽国使，以西上阁门使、荣州刺史李评代理四方馆使作为副使出使辽国，同辽国皇帝商定两国地界的纠纷问题。沈括被任命为赴辽使节之时，沈括本人还是河北西路的察访使，到八年（1075）二月，沈括回到朝廷，做好出使辽国的准备。

沈括出发前，宋神宗考虑到沈括、李评出使途中可能发生的意外情况，提出七件事情，交由中书和枢密院加以讨论，包括进入辽国国境受阻，辽国皇帝对沈括等避而不见，辽国强制以分水岭为界，扣留沈括等使臣，同时派兵拆除宋方这边的铺屋，沈括到达辽国，辽国君臣故意折辱使臣。权且不论这些问题发生的可能性到底有多大，单论宋神宗对沈括等这次出使能否说服辽国不再坚持重新划界，实际上是忧心忡忡且充满着顾虑的。

沈括受命之后，为了能不辱皇命，立即赶往枢密院查阅相关文件。他意外地发现辽国几年前写给宋朝讨论两国地界的一封书信，明确指出以石长城为界，但现在辽国却执意要以黄嵬山为界，两者之间相差三十余里。沈括立即向神宗报告了这一发现。宋神宗接到沈括的报告非常高兴，可谓又惊又喜，将这幅地图拿给辽国使节萧禧看，在这个事实面前，萧禧也哑口无言。对此，神宗特别高兴，特意派人赏赐沈括一千两银子，并说：要是没有你沈括，这件事的原委就被掩盖了，与辽国的边界纠纷还真不好解决。沈括还没出使，就已经解决了问题，但没想到也因此得罪了中书和枢密院的执政大臣，为日后受到打压埋下了伏笔。

二、赴辽不辱使命

熙宁八年（1075）四月，辽国使臣萧禧无奈地答应回到辽国。而沈括、李评一行也离开京城汴京，开启自己出使辽国的行程。但是，没想到沈括到达雄州宋辽边境时，辽国故意刁难，执意要宋国答应重新划定边界，才肯让沈括一行的使团进入辽国。同时，辽国还几次点燃在边境的烽火，摆出一副随时出兵攻击宋国的架势。僵持之下，一直等到辽国的使节萧禧返回辽国后，沈括一行才被允许入境。此时，沈括已在雄州这个地方逗留了二十多天。

当时沈括的兄长沈披正在河北担任沿边安抚副使一职。所谓兄弟情深，沈括考虑到此次使辽前路漫漫，可能凶多吉少，万一双方谈判破裂，两国在河北的军事斗争就不可避免，临行前他与沈披说明了可能会出现的情况，并希望哥哥根据这些可能发生的情况，做好充分的应对，严密做好防范辽国入侵的准备。并且沈括还起草了一份奏章，希望由兄长转呈给神宗皇帝。他说，如果我不能回来，辽国必将倾巢出动大举侵扰。并提出了如果辽国发生入境袭扰行为，宋朝军队该如何压制辽国的办法。可见沈括不仅做好了慷慨赴死的准备，也做好了周密的安排。

沈括一行终于在五月下旬到达辽国，他由河北白沟河（今拒马河）出发，经古北口、富峪馆（今宁城县甸子乡）到辽中京、松山州（今松山区城子乡），过潢水（今西拉木伦河），直达单于庭（道宗行在兔儿山，今巴林左旗乌兰坝一带）。辽国派遣自己的枢密副使杨益戒，以及当时曾参与两国边界谈判的梁颖等和沈括商定地界。双方在谈判桌上唇枪舌剑，针锋相对。

沈括在来辽国之前做了充分而周密的准备。他搜集到当时宋辽关于边界事宜的大量文字并且加以默记，并且让与他一行的人员也都一一熟悉并背过。因此，当辽国提出要以黄嵬山作为两国边界时，沈括从容不迫，真正做到不卑不亢、有理有据有节地加以反驳。几天后，趁着辽国枢密副使杨益戒设宴欢迎时，沈括首先强调自己此次奉宋国皇帝的旨意来到辽国，是向辽国表示友善的态度，而不只是商讨商量两国边界的。沈括表示，宋国顾及两国和好的想法，从形式上已经做出了许多的让步，况且黄嵬山、天池子一线确实一直以来都是宋国的领土。但杨益戒仍拒不承认甚至威胁说："为了区区一个小地方，致使两国维持了几十年的和平友好关系破裂，那就得不偿失呀。"沈括厉声回应："今北朝利尺寸之土，弃先君之大信，以威用其民，此遗直于我朝，非我朝之不利也。"表明了大宋爱好和平，但也绝不惧怕战争的鲜明态度。

在接下来的辩论中，沈括对辽国要求一一加以驳斥。他列举了辽国重熙十一年（1042，宋仁宗庆历二年），辽国自行颁发的大量文书，其中不但揭露了辽国的自相矛盾之处，而且一针见血地直击要害。尽管如此，梁颖仍旧强词夺理，坚持要按照辽国的要求来划定宋辽两国在朔州地段的边界。宋辽双方唇枪舌剑，经历了六轮艰苦的论战，据传，聚集在谈判场所周围旁听的人达到一千多人。最后，沈括凭借自己渊博的学识、对相关情况的熟稔和出众的辩才终于使辽国做出了让步。

沈括在非常艰难的情况下出使辽国，在谈判中坚持立场、据理力争，最终使得辽国有所让步，使当时紧张的宋辽两国关系暂时得以缓解，这都是靠着自己渊博的学识和坚定的立场得来的。沈括不辱使命，较为出色地完成了任务，取得了宋辽关系史上一次难得的外交胜利。

但是，宋神宗却没有珍惜沈括的艰辛努力，他拒绝了王安石等大臣对此事的建议，没有顶住压力，执意要对辽国妥协，最后还是将代北三州、古长城以北的部分土地割让给了辽国。一直惧怕"北人生事"的宋神宗，却按照辽人的意愿划地为界，让沈括的外交成果付诸东流。等到韩缜与辽国谈判结束后，韩缜奉神宗之命将河东七百里之地割让给辽国。在国内不敢骂皇帝的人，纷纷将矛头指向韩缜、沈括和王安石这样的臣下。据说，宋神宗后来跟韩缜说："沈括误朝廷三事。"即指历法、地界和役法。宋神宗虽然有雄心去解决国家财政困难和宋辽之间的边疆危机，但这位年轻的皇帝却缺乏改革决策者的魄力和勇气担当。他志大才疏，又朝令夕改，但凡有些过失就常常把过错推给臣下。这也正是作为臣子沈括的悲哀，他尽心竭力地在外交战线为皇帝、为国家办事，最终换来的却是皇帝的一句"误朝廷"的评价。

附：沈括出使辽国相关日程及活动

熙宁八年（1075）三月二十一日，沈括受命出使辽国，稍事准备。

四月中旬，沈括从京城开封起程出使辽国，二十一日路过当时的北京（今河北大名县）。到雄州时辽国拒不接纳，滞留二十多天。至闰四月十八日，沈括出塞后进入辽国。在临行前，草遗奏给自己的兄长河北缘边安抚副使沈披，让兄长转奏朝廷。

五月二十三日，沈括出使到辽国永安山行宫。永安山在今内蒙古巴林左旗北界与西乌珠穆沁旗东汗乌拉苏木东南一带山地。

二十五日，沈括拜见当时辽国皇帝辽道宗耶律洪基。

二十七日，沈括进入辽国皇帝帐前赴宴。

二十九日，辽道宗在沈括所在的馆驿赐宴后，辽宋双方展开界地谈判。

六月初二，沈括与辽国大臣射弓。

初四，辽国大臣到沈括所在的馆驿夜筵。

初五，离开辽国回宋，在辽国期间，沈括与辽国共展开前后六次地界谈判，始终不卑不亢，最终不辱使命。

三、撰《使契丹图抄》

按照惯例，北宋的官员出使辽国，都要将出使的情况，包括沿途所经过的山川地理、风土人情、所见所闻，以及与辽国交涉的来龙去脉等情况事无巨细地加以记录，整理形成书面材料，回国后呈报给朝廷。据统计，流传到现在的有三十八部有迹可循，但其他绝大部分都已经湮没在历史的尘埃之中。其中真正完整保存下来的记录就有沈括的《使契丹图抄》。

我们上一部分介绍了沈括出使过程中在宋朝境内的时间和经过地点，这一部分我们将根据《熙宁使虏图抄》的记载对他从拒马河进入辽国境内的行程进行述评。进入辽境，沈括等途经 4 个馆驿后，直奔幽州的永平馆，接下来沿途分别经过望京馆→怀柔馆→密云馆→金沟馆→古北馆→新馆→卧如馆→柳河馆→打造馆→牛山馆→鹿峡馆→铁浆馆→富谷馆→长兴馆（通天馆）后，到达辽国的中京。

自中京往北，从临都馆开始，辽国设置了毡帐馆驿，在《熙宁使虏图抄》中陆续出现"中顿毡庐""咸熙毡帐""牛山毡帐""锅窑毡帐"等地。毡帐体现了契丹民族的居住特点和习惯，这些毡帐随时会根据契丹族的生存需要来搭设驻扎，搭建便捷，流动性强，充分体现了不同民族的地域特色。

《熙宁使虏图抄》曾被收入沈括文集《长兴集》中。南宋初年，处州（今浙江丽水市）的一个地方官高布，将沈括《长兴集》和沈括的两个从侄子沈遘的《西溪集》、沈辽的《云巢集》合刻为《沈氏三先生文集》。按照道理，沈括是沈遘、沈辽的长辈，却因为高布在处州刻书刊印的时候，沈遘的孙子沈元用正是处州太守，因此就以太守的祖父文集《西溪集》作为这部三人文集的头一部。现在我们能看到的完整本子，仅见于集中国古代典籍之大成的一部类书——明代《永乐大典》卷一〇八七七中。在《永乐大典》中，这部书被引作"宋沈存中《西溪集·熙宁使虏图抄》"。而《永乐大典》编者也是粗心，错误地以为《西溪集》为沈括所著。但现在《四部丛刊三编》本所收《沈氏三先生文集》已经残缺，其中沈括的《长兴集》更是超过一半已经残缺，《熙宁使虏图抄》当在缺卷之中。《熙宁使虏图抄》借助《永乐大典》得以保存，为我们认识沈括这次出使辽国留下了十分珍贵的一手资料。

《熙宁使虏图抄》共有两卷，是当时记录宋使臣出使辽国的记录中是最详细的，而且与其他记录相比，沈括到达的辽国地方也很多，其中对路上休息的馆驿和这些馆驿间的路程、方位也记载得比较准确。沈括将此次出使的奏文和在辽国辩论的经过，除了《熙宁使虏图抄》之外，还向朝廷提交了两份题为《乙卯入国奏请》和《乙卯入国别录》的专题报告。这两种文献虽然在宋朝人的著录中难觅踪影，但借助一部记录北宋历史的史书，也就是南宋成书的《续资治通鉴长编》让我们得以一见沈括的才学。从这两份报告的内容来看，它们与记述行程及沿途见闻为主的语录迥然不同，基本上是宋辽双方的谈判实录。在《续资治通鉴长编》的小注中，有三处地方大段引用《乙卯入国奏请》和《乙卯入国别录》，引文更是多达一万七千多字。这些对宋朝廷了解宋辽边境上的驻防设施、兵力配备、辽国的军事部署、风土人情以及边境居民的经济生活等，都有很大的参考价值，也为今人研究辽史提供了一手史料。

尤其是沈括从古北口到辽代中京这一段记载特别珍贵。这一段从古北口出来，走了一段迂回曲折的路线，终于到达了辽国的中京，又往北走过了一段，渡过黄河的石桥，最终到达庆州（属辽国上京道。治所在玄德县，在今内蒙古巴林右旗北境白塔子古城）东北的犊儿山。其他有关于此的各种史料都不详细，而且都有错误，这就使得沈括的记录尤为可贵，沈括的记载非常详细、精确，不仅在山川、馆驿、里程、方向记载上比其他都详细，而且将道路的艰难险易、迂回曲折及其原因，山川的高低地势、河流的宽窄，以及沿途的景物，都做了详实的记录。

而沈括的综合才能在他北上的途中也得到了淋漓尽致的体

现。首先，沈括制作了立体的模型图，在他刚到定州（今河北定州市）的时候，常外出打猎，在西山和唐城之间奔波二十多天，沈括详尽地了解了这一段的山川地形，用"胶木屑熔蜡法"制作成立体的山川地图，其方法是采用黏性较强的面糊和木屑在木板上模制出这些山川形势来。到了冬天以后，因为北方的天气变得寒冷而又干燥，木屑粘不住了，沈括又采用熔化的蜡来加以制造。之所以采取木屑和蜡作为材料，因为这些材料重量较轻，且便于携带。回到京城后，沈括将木刻立体地图献给朝廷，宋神宗立即命令在边疆州县进行推广。

其实，在沈括之前，中国古代已经有人开始制作地理模型图。沈括在前人的基础上，亲自走访勘测，反复试验，最后制作成木头地图。又因为这个地图比例尺较大，所以地图较为准确。这种地理模型图一直到18世纪才在瑞士出现，比起沈括所制造的这种木图要晚上700多年。

沈括在地理制图方面的卓越才能，给神宗皇帝留下了深刻的印象。等到沈括从辽国回来后的熙宁九年（1076）八月，宋朝廷准备绘制全国性总图的差事也落在了沈括身上。虽然沈括后来在宦海几经沉浮，甚至两次被加以贬谪，甚至到了西北边境线，沈括一直都没有忘记这个任务。沈括以二寸折合成一百里的比例尺，确定了方位与各自距离，参照了很多制图的因素，如高低等，确定了直线距离。在将地图绘制完成后，得到了方位与距离的真实情况，编就了被后人称为《天下州县图》的综合地图集。这部地图集一共有二十幅图，其中最大的一幅高一丈二尺，宽一丈，大概就是全国的总图。另外还有一幅小图和当时宋代十八路的十八幅各路图。沈括在资料收集方面，非常注重调查研究和吸取前人的成果，这幅地图一直到宋哲宗元祐三年（1088）八月才完成，整整耗费了十二年的时间。

沈括从辽国回来后，当年七月底，宋神宗任命知制诰沈括为淮南、两浙灾伤州军体量安抚使，太常少卿、权判大理寺许遵同纠察在京刑狱。两个多月后的十月中，沈括又被任命为权发遣三司使，这是沈括一生中仕途的顶点，也成为他几十年仕途生涯中最为辉煌的时期，但其中也蕴含着他宦海跌宕起伏的危机。请看下一章。

第六章

总领三司

一、结怨王安石

熙宁八年（1075）七月，宋神宗任命沈括为淮南两浙灾伤体量安抚使，沈括在走马上任途中，也就是刚到钟离（今安徽凤阳附近）时又被召回。十月中，被任命为权发遣三司使，也就是三司使。

这里解释一下这个三司使。所谓三司，就是指盐铁、度支、户部。盐铁司就是盐铁使，掌收盐铁税；度支司，就是掌管会计军国财用；户部，原本是中央行政机构六部之一，管理全国户口、财赋之总机构。唐代中期以后，权力削弱，财经大权为度支、盐铁、转运等使所夺。三司是北宋前期和中期财政管理的中枢机构。三司使这个官职，实际上是官僚中掌管经济的最高长官，最早设置于后唐时期（923—936），宋朝初年也有设置，被称为"计相"。在宋太宗太平兴国八年（983）被废黜，差使被分解为盐铁、度支、户部三使，但十年后的太宗淳化四年（993）又重新设置，总领三部，掌邦国财用大计，一年后的淳化五年（994）又分为三使，直到宋真宗咸平六年（1003）再复置后相对稳定下来。三司掌管的是宋朝财政大权，真可谓大权在握，宋朝不少执政大臣就是直接从三司使加以提拔而位列台阁的。沈括能达到这样的高位，而且是在短短的四年时间，一般的官员根本无法达到这个速度。但是没想到的是，原本与沈括关系较为密切的王安石，却随着沈括仕途的升迁和执政一方时的一些做法，与沈括的关系已不复往常，两人间的裂痕也在一次次的误会中悄然变大。

总体来看沈括与王安石的关系，大体上经历了由相识到相知再到疏离的过程。

第一阶段，从宋仁宗庆历六年（1046）到神宗熙宁元年（1068），是王安石与沈括从相知到交友的阶段。在这一阶段他们大约接触过四次。第一次相识，可能是在庆历六年（1046），沈

括的父亲沈周此时在汴京担任三司判官，王安石当时 26 岁，任
签书淮南判官期满到京城，从后来王安石为沈括父亲撰写墓志铭
来看，他们之间似乎早有交集，最晚到这一年王安石已与沈周相
识。当时沈括只有十几岁，跟随父亲来到京城，自然也就认识了
王安石。不过，当时沈括的年龄还不足以达到与王安石交友的程
度，相见时间很短，此后不到一年，王安石到鄞县（今浙江宁波
奉化区东北）去当知县了。

第二次相识，是在皇祐四年（1052）十月，沈括与其兄长沈
披由家乡杭州来到王安石任职的舒州（今安徽潜山），求王安石
为其已经去世的父亲撰写墓志铭，这篇名为《太常少卿分司南京
沈公墓志铭》的文章，是我们现在了解沈括父亲沈周生平的重要
资料。在此一年前后，王安石的弟弟王安礼娶了谢绛的女儿为
妻。前文已经提到过，谢绛的母亲是沈周妻子的姐姐，也就是沈
括的姨母，王安礼的妻子也就是沈括的姨表侄女。有了这层关
系，王安石家族与沈括家族就有了亲缘关系，两家的交往也日趋
密切。

第三次交往，是沈括于宋仁宗嘉祐八年（1063）正月参加贡
举考试，并考中进士。王安石是这次考试的同知贡举，也就是主
考官之一，使得王安石和沈括又有了一层师生关系。

第四次交往，则在英宗治平四年（1067）到神宗熙宁元年

（1068）之间。王安石于治平四年（1067）担任翰林学士，沈括则早在两年前的治平二年（1065）担任编校昭文馆书籍，到熙宁八年（1075）充馆阁校勘，他们同朝为官，又有亲戚和师生的双重关系，相见的机会一定不少。根据现在的记载，他们一起接触的机会大概有如下几次：他们一起负责了治平四年（1067）正月的贡举，又在一起编校古籍，评论古诗。这一两年的时间，应该是王安石和沈括交情日渐深厚的时间，如果不是因为熙宁元年（1075）八月，沈括的母亲去世而使得沈括不得不辞官归乡葬母，或许在熙宁二年（1069）王安石推行的熙宁变法正式铺开的时候，沈括早已经成为王安石推行变法的助手了。

第二阶段，从熙宁四年（1071）到熙宁八年（1075）年初。两人关系密切，并共同推进变法。王安石是熙宁变法的决策者和直接执行者，而沈括以自己的博学多才和兢兢业业的工作态度成为变法的得力执行者。熙宁四年（1071）十一月，沈括担任检正中书刑房公事，到第二年，沈括出使按行汴河，到熙宁六年（1073），新法派郑獬在两浙路兴修水利，出现问题。此时，王安石果断推荐沈括相度两浙路的农田水利、差役等事兼任察访两浙路。当时，宋神宗还不太放心派遣沈括去，就问王安石：这件事必须派遣沈括去吗？王安石回答说，沈括是两浙路当地人，熟习当地风土人情并深知其中利害，而且他性格严谨细密，应该不会有什么轻率行动。可见，这时候的王安石对沈括还是非常信任的。沈括到两浙地区各州观察半年，到处积极兴修水利，检查隐瞒漏报的田税，积极向上陈奏免除额外的摊派力役，非常有作为，做了不少利民惠民的实事。熙宁七年（1074）奉召回朝后，荣升右正言，之后又去按察河北西路。第二年三月，沈括被宋神宗任命为回谢辽国使。在这几年，沈括和王安石的关系是融洽的，实干派王安石出于变法的需要，在人才选拔上比较倾向于选择，而沈括正是这种用人标准的中意人选，这也使得沈括和王安石的政治关系相得益彰。

第三阶段，熙宁八年（1075）夏以后，沈括与王安石发生矛盾，关系逐渐趋冷。在当年五月，王安石向神宗陈述时，说沈括"反复""真是壬人""虽然有才能，但是不可亲近"，希望神宗应当"害怕而疏远这种人"。

那这个"壬人"是什么意思呢？根据《汉语大辞典》的解释，"壬人"就是"奸人佞人，指巧言谄媚、不行正道的小人"，显然此时王安石已经十分不信任沈括，对他的人品在皇帝面前都毫不避讳地提出怀疑。相比当宋神宗询问王安石对沈括能否胜任相度两浙水利时，王安石盛赞沈括的才智与品行、相信沈括一定不辱使命的话来说，两者相差真是一个天上，一个地下。那是什么让王安石在短短时间对沈括的印象有如此一百八十度大转弯呢？有一种说法是，王安石与沈括关系恶化，是由于宋辽边境争议引起来的。前面我们说过，熙宁八年（1075）辽国派使臣来交涉地界，满朝大臣虽对辽国的做法很是不满，但似乎个个都没想好用什么办法来拒绝这个无理要求。只有沈括通过查阅枢密院的案牍，找到宋辽两国在早年就已经议定以古长城为界的事实。神宗得知实情后，批评中书省和枢密院的官员不了解事情的来龙去脉，差点误了大事。而王安石在其中更是难辞其咎。

但细究起来，这个说法似乎忽视了王安石此时没在朝廷。王安石第一次被罢相是在熙宁七年（1074）四月，到熙宁八年（1075）二月，王安石再次拜相，他从江宁赶来见到神宗皇帝时已是三月，而宋神宗见到沈括详细了解宋辽边界实情只比宋神宗见到复相的王安石晚两天。从时间上来看，这次宋辽边界之争，正处于王安石第一次罢相期间，宋神宗说辅臣耽误事的时候，王安石刚刚回来不久，不用替这件事背锅。反倒是当时的参知政事吕惠卿却是实打实地要挨这个批评。事实上，从王安石自己的记载来看，宋神宗也没有责备王安石。

再从王安石对西夏和辽的态度来说。对于辽和西夏一再对北宋的侵扰，王安石也曾劝说宋神宗不要妥协和退让。而沈括发现宋辽地界的实际情况，正是对王安石不对辽妥协政策的一种支持，王安石没有理由因为这个去迁怒于沈括。而且王安石从本质来说，并不是一个胸襟狭隘的人。由此，我们判断，王安石与沈括关系转变的原因并不是这次事件。

从现有各种情况来看，导致王安石对沈括态度发生转变的原因很多，综合起来有以下几点：一是王安石和沈括在新法政策上有分歧；二是沈括同变法派的成员尤其是吕惠卿有一些矛盾；三是沈括相对懦弱的性格也导致了王安石对沈括越发不满。

王安石刚刚经历过熙宁七年（1074）四月第一次被罢免宰相职务，到熙宁八年（1075）二月再次拜相，经历十个月的人生沉浮。而沈括在这短短的十个月期间可谓经历丰富。他先后奉命察访两浙路和河北西路，但在察访河北西路的任上时，他除实施了王安石倡导要求的保甲法之外，对于如保马法、植桑法、车阵法等，沈括都或多或少地明确表示了不同的看法；而对王安石明确表示反对的利用塘泊来防备辽军侵扰的做法，沈括却鼎力支持，为此专门向皇帝陈奏。让王安石和众人不理解的是，王安石在第一次担任宰相并大力推行这些变法措施的时候，沈括并没有就这些措施提出反对意见和主张。这给王安石和变法派造成的印象是，王安石变法派得势的时候，你沈括不反对；反而在王安石第一次罢相后，你沈括却跳出来左一个反对、右一个不行，这使得王安石认为沈括是一个趋炎附势反复无常的小人，自然对沈括的印象大打折扣。

沈括在出使河北的过程中，写报告、画地图，提出了很多新主张，实施了很多新举措，他的能力强，学识渊博，这些都给宋神宗留下了深刻的印象，熙宁八年（1075）四月，宋神宗想让沈括主持兵部事务。这遭到了王安石的反对，他说沈括是一个"壬人"，解释就是奸佞之人，指巧言谄媚、不行正道的人。王安石还说沈括在出使河北过程中，暗中破坏新法，有很多事情实际上是为了谄媚皇帝的旨意而行事。并且认为如果让沈括主持兵部的事务，恐怕义勇的保甲法就要保不住了。此后，在君臣一起讨论检正中书五房公事人选的时候，另一位宰相韩绛将沈括作为人选，再一次遭到了王安石的反对。

而沈括与当时的执政大臣吕惠卿结怨似乎更早，在沈括于浙西治理圩田的时候，因沈括想要革新，却触犯了当地大官僚和大地主的利益，后来因为分水岭这件事，吕惠卿受到宋神宗的责备，由此对沈括更是怨恨有加。

而且宋朝笔记中对沈括的评价也多数以负面为主。如沈括与著名的宋代大文豪苏轼之间的矛盾。据记载，沈括当初与苏轼都在馆阁，两人讨论事务时经常发生分歧，后来苏轼外放去杭州担任通判职务，而沈括在奉命察访两浙路时，路过苏轼任官的杭州。沈括与苏轼讨论旧时交情，并向他求取最近所写的诗文。而沈括回到京城后，反手就把苏轼写的诗文交给了皇帝，说苏轼的诗文中有不少对皇帝和时政埋怨不满的语句。后来乌台诗案事发，苏轼被打入牢狱之中。寻根溯源，都是沈括献给皇帝的苏轼诗文导致的。

王安石恨沈括，倒不是因为与沈括的政见不同，而是觉得自己被罢相这一段时间，沈括有背叛自己的嫌疑，这也使得王安石对沈括的品质产生了较大的怀疑。

二、改革盐钞法

沈括在三司主持工作历经一年零八个月的时间。在这段时间里，沈括与同僚对三司的机构进行了调整，重新设置了一个叫开拆司的下属机构，这个机构主要负责文书事务。沈括在三司使任上最重要的政绩就是改革了盐钞法。

食盐在人们的日常生活中是必不可少的，食盐的专营（或专卖）在中国始于春秋时期的齐国，齐国地处现在的山东半岛，东南北三个方向都与海毗邻。管仲为了实现齐桓公的霸业，提出"轻重鱼盐之利"，实行统治盐铁的经济政策，可以计口授盐。当时就盐的生产而言，政府和百姓都可以从事煮海为盐，而运销、分配、进出口归国家管理，零售归商。到了汉代，对盐和铁这两种物资实行称之为"禁榷"的政策，禁的意思是禁止，榷的意思是独木桥，禁榷合起来就是自己独占，不允许他人涉及经营。具体到盐专卖制度，它是传统社会统治阶级人为制定并设立，由其独占食盐生产和销售渠道，从中赚取巨额利润，进而增加政权财政收入的一整套制度体系。宋代延续其他朝代的政策，对盐、酒、茶等生活必需品实行专卖，这种专卖收入可以说是国家财政收入的重要组成部分。而在上述三者当中，当数盐的国家专卖收入最高，因此宋代对于盐的产销控制得非常严格。北宋时期蒲州（今山西运城永济市）池盐产量高居全国盐产总量的四成以上，因而可以说解州盐政的变革对国家财政收入有着举足轻重的重要意义。

宋代对解州盐的政策经历了一个变化的过程。北宋前期实行专卖。到宋仁宗庆历八年（1048），当时提点陕西刑狱的范祥提出改革盐法，在解州池盐产区全面推行钞盐制度，这就是所谓的盐钞法。具体做法是由官府控制产盐的专利，商人们可以用现钱向官府来购买钞引，从而以此获得在限定地区享有销售食盐的权力。当时，由于党项族人在首领元昊的带领下，公然建号称帝、与北宋分庭抗礼，捅破了宋与西夏虚幻的和平泡影，导致宋和西夏之间经常发生战争。宋朝沿边疆的河北、河东（今山西地区）和永兴军路，常常需要屯驻重兵。所谓"兵马未动，粮草先行"，屯驻重兵就需要与之相配套供应的粮草。当时的山西解州，有一个天然的盐池，产盐量丰富，盐质好，因此成为北宋的产盐中心之一，也是北宋政府重要的财政收入来源之一。在西北部和北部边疆每年需用食盐的数目极为庞大，而且这个地方正好可以连接宋军西北和北部边陲，正好可以以此来供应宋军的食盐。但是光靠政府的力量难免力有未逮，宋政府不得不招募商人"入中"来改变单一靠国家来供应这批重要军需物资的模式。所谓"入中"，其实就是商人向政府交纳现钱，政府再把盐钞（即买盐的代价券）偿给入中的商人，商人拿了盐钞，去产盐的解州（1958 年与安邑县合并为运城县，后改设市）支盐，便可运至商销地区贩卖。陕西盐法经过这一改革，不但盐利有了增加，而且边疆经费也解决了十之七八，有效地缓解了财政压力。

　　然而经过二十余年的施行，到熙宁二年（1069），盐钞法却逐渐被破坏。主要原因是虚钞现象的发生。虚钞现象之所以出现，是因为政府滥发盐钞。国家因为开始在西北对西夏用兵，导致军费开支猛增，财政困难，入不敷出，便大量印发盐钞出卖，希望以此增加盐利，进而增加政府开支，结果却使国家盐业税收损失惨重。因为民间吃盐数量并没有大幅度地增加，而盐钞却无限制增多，商人支到食盐难以售出。因此无人愿将现钱入中，盐钞法也就失去了效用。盐业税收没有起到增加国家财政收入的作用，反而进一步加剧了国家财政收入的危机，影响了很多国家政策，尤其是西北对西夏用兵的政策。盐钞本质上是一种虚值等价物，宋政府为此还专门设立一笔本金，用以专门购买过剩的盐钞，用来调剂盐钞的市场价，但却因为出的盐钞过多，本金却有限，旧的盐钞还在市场上流通，新的就已经出现在市场上了，由此导致了虚钞增加。再加上购买解州池盐的东、南、西三边周边地区，于熙宁八年（1075）以后纷纷改成了官府自己卖盐，导致商人贩卖食盐的盈利更加下跌，盐钞更加卖不出去。

此外，在解州东、西两边盐价不同，也很大程度地影响到了钞法的推行。当时宋政府商人为了和西夏的运盐人进行私盐竞争，特别压低西边价格。东贵西贱，在趋利避害的本能驱使下，西边盐倒流回东边，使东盐滞销。而官府卖盐，也可任意降低价格，购买食盐的人也不是傻子，自然都去买官府相对便宜的盐，而商人却事关成本，不便降价。商贵官贱，商销极难维持。另一方面，商人只要交纳现钱，在外州可支盐，而且无须通过中央，因此发钞的权力操纵在地方州县的手里，统领国家财政收入的三司却得不到这宗收入。最终导致钞额超出过多，这时候却需要三司来拨款收买，变成了好处没捞到，最后需要三司来收拾烂摊子，三司里外受气，导致国家的中央财政收入日益减少。到沈括接任三司使的时候，宋朝施行的本意为增加朝廷盐利收入的盐钞法不断败坏，出现了"陕西盐利损失了一大半"的严重现象。对地方来说，严重影响了军饷的来源；对中央来说，则减少了国库的收入。加上神宗时期，神宗希望通过富国强兵，首先解决西北的西夏问题。这种乱象不但影响了宋政府西北边疆的安全，而且还牵涉到整个政权的财富和力量，着实到了迫在眉睫、不得不解决的地步。

更要命的是，官府自行介入贩卖食盐，弊端也是不少的。从搬运到贩卖，政府都需要配备一套相应的官僚机构，真可谓兴师动众、大动干戈；加上这中间又要差遣民夫，又要劳烦民力，大大增加了民间负担。运输过程中一旦失去均衡，又会严重影响盐货流通，造成消费区盐荒、生产区积压的脱节现象。而从实地操作来说，富产池盐的解州一带，私盐的价格便宜而且很容易就能得到，官府贩卖的盐就不容易出售，但是卖盐的官吏管不了许多，往往不顾人民死活，实行强制配盐，只求尽快将盐货脱销，以此增加利润收益，这便成为一种虐政。

为了维持官府专卖利益，缓和官自卖盐引起的矛盾，盐钞制度已到了非改不可的程度。我们运用一组数据来更直观地说明问题。沈括在三司任上时，陕西每年出盐钞达到350万贯，但实际上当地的商人只需要约210万贯。而这多出的100多万贯，就是虚钞，每钞原先值钱6000缗，这时下跌到3500缗，下跌幅度达到42%。为此宋朝廷内部就如何改革盐钞制度形成了两派意见：一派以张景温为代表，他们主张榷盐，对解州的池盐实行官卖；

而另一派则以皮公弼为代表，他们要求罢黜官卖，进而扩大解州盐通商的范围。权衡利弊之下，宰相王安石采纳了张景温这一派的意见，扩大了禁榷的范围，在解州东边和西边的很多地方扩大和改行官卖池盐的范围，严禁私自贩盐。解州池盐实行官卖之后，国家虽增加财政收入，但也打击了商人的积极性，使得西北边境的仓储下降。从长远来看，官卖的做法确实有点饮鸩止渴，最终结果也适得其反。

问题仿佛又回到了原点。在这场盐法的争论中，主张官卖者和主张通商者观点可谓针尖对麦芒，双方互不相让。这时候，作为掌管国家财税大计的沈括，他的态度可谓举足轻重。沈括在内心其实是十分赞赏仁宗庆历年间推行的盐钞法的。他认为国家允许解州盐私卖，并通过盐钞法来确保国家对私盐商的课税收入，既能保证盐的有效流通，又便于国家对盐价格的调控，推行的效果也不错，这确实是一举多得的好办法。

从这个角度上来说，沈括与皮公弼的观点一致。他认为解州盐的根本问题在于国家没有节制地滥发盐钞，而不是使用商人贩盐，这与王安石支持的张景温扩大禁榷的做法是背道而驰的。为了顾及王安石的意见，沈括在最开始的争论时，并没有站出来支持皮公弼的主张。

直到熙宁九年（1076）十月，王安石第二次罢相出知江宁府

（江苏南京）后，事情才又有了变化。

熙宁九年（1076）十一月，宋神宗把陕西转运使皮公弼召到开封，和三司一道讨论盐法的利害，并下诏让三司重新考虑盐钞法。沈括接受了任务，和皮公弼一起共同商议陕西盐钞法的问题，进而直言官卖不可不罢除，应该继续和扩大通商法，同时指出国家应该严格控制盐钞的印行数量，提高盐钞的法定公信力。

沈括呈献出著名的政论《盐蠹四说》，其内容为：第一，盐的消费有一定，而钞的印发无穷尽，盐钞被人贱视。今后除去实用之外，可以多印 20 万贯，防备水火等灾害损失，以 200 万贯为常额，不得增加，这是为了防止盐钞超额反而导致贬值。第二，防止西盐流入东路，不如把东、西路的盐价统一，这主要是为了解决过去存在的西部盐价格低，导致回流东部，进而导致东部的盐价格低廉的现象。第三，责令外司只需严谨出纳盐钞，把制钞的权力归还三司，解盐司只保留盐钞出纳的权力。第四，令卖盐诸司价钱划一，不得任意高低，官府不和商人争利，使商盐岁售有常额，储蓄盐钞不致吃亏，这样藏在民间的滞钱，就可以通过购买盐钞出来流通了，以此来兼顾到商人的利益。

沈括的主张是比较科学和合理的。首先，他借助并运用商品的供求规律，来说明市场盐钞价剧烈波动的原因，并朴素地提出了应该按商品供给和需求相互影响的原理，紧缩减少盐钞发行量，这是符合经济学规律的。值得注意的是，他不但要求将盐钞发行额固定下来，而且还主张盐钞的流通量宜略少于需求量。时常保持一定的储备数目，以便于在流通过程中，遇到意外损耗，随时补充。这可以调节盐钞流通量，维持钞值不变。实践证明，这是个有效的措施。从这里可看出沈括考虑问题是周密而细致的。其次，他又主张统一销售价格，消灭当时的地区差异和官商差异，反对贬价竞争，保护商人利益，以促使盐货畅销，钞值稳定。此外，他又建议把轻重敛散之权收回中央的三司，虽然其中含有加强中央集权的意味，但主要还是因为通过三司可以整体统筹办理，发行额便于宏观上控制，不致再出现滥发盐钞的弊端。

因此，沈括给出了具体的改革方案：第一，收买旧钞，一律以时价计值，公私盐钞全部收回。前文说过，旧钞下跌的幅度都达到了 40% 以上，必然大幅跌价，而这就是因为滥发所致，必须要收买回这些旧钞。收买西盐旧钞的本钱，是从少府中借垫的，而南、东盐则是内藏府借垫的，总共合计 100 多万贯，到商人贴纳盐价后，再行拨钱归还。而收买旧钞，则一律以当时的价值计算，南、东盐一席，大概不超过 3500 缗，西盐一席，则不超过 2500 缗。具体的收买办法是，三成支付给他们现钱，七成则按沿边入中的钞价支付新引。这样的操作，使得政府不损失一分钱，就可以重新获得盐利，可谓很有成绩。

第二，调整盐价。西盐和东盐价格相等。等旧的盐钞收买完毕、虚钞的现象消失、钞价也慢慢回升到原来每席 6000 缗的数字后，就定为南、东盐钞价，西盐的价目则调整到 5500 缗。凡是商人持有旧钞，如果没有卖盐，或者是买了盐但还没有出卖，三司则根据贴纳法，让商人照价补足。南、东盐每席贴纳 2500 缗，西盐则每席贴纳 3000 缗，贴纳办妥当，就可以换给新钞，或者是发给一张限期出售的公共凭据。提举司出卖官盐，也按照这个规定。三司将出钞的数字稳定在 230 万贯，这是综合考虑了产地支取盐的情况，然后根据每年的平均数拟定的。

第三，扩大商销范围，对盐货流通和维持钞值都是有利的。解州盐的行销，共有东、西、南三个区域，也就是如下三条路径：东路大致在今山西、河南和山东，西路大致在今陕西大部和甘肃东部，南路则大致包括今陕西南部、湖北北部和河南南部等地。自宋初以来，这三个路径所吃的解州盐，是官方销售还是商人销售，变化不一。到庆历年间范祥改行钞法，才将官方销售的地区改为商人贩卖，去掉了运盐的差役，这有利于将滞销的盐卖出去，增加政府府库的收入。到章惇做三司使时，受到官销盐利润丰厚的蛊惑，他曾经在上述三个路径的销售地区恢复了官卖，而导致商卖的范围变小，盐钞滞销，导致粮食贵而盐便宜，物价剧烈波动。再加上是商人自行卖盐，弊病丛生。经过一番研究，到熙宁十年（1077），宋廷宣布河阳（今河南孟州市西）、同州（今陕西大荔）、华州（今陕西华县）、解州、河中、陕州（今河南三门峡市）等府州和陈留（属于河南开封）等县，从原来的官卖改为商人行销。其余河北路的曹州（今山东菏泽南）等九个县，则继续由官方行销。官销的范围缩小，而商销的范围则有所扩大，这对保证盐钞的价值，无疑是有利的。

第四，恢复平准措施，由都盐院启用储备本钱，购买商人的盐和盐钞，平衡市场价格。为了平衡产地和京师开封的盐价，范祥改使用钞法时，曾经在京城设立都盐院，便于平准盐价和钞价。三司管着拨给本钱，专为平衡当地价格。商人在陕西入中后，带了盐和钞回到京城开封。如果遇到盐价比较低的情况，商人就要折本。这时候就要都盐院启用储备的本钱，来购买商人手中的盐和盐钞。而如果遇到盐价上涨，就可以将所买的盐赶紧卖给市场，来压低市场上盐的价格。这个办法确实有过人之处，值得遵循。但这个制度在沈括任职三司时期，也曾经被废除过。直到沈括离职几年后，才慢慢恢复。

沈括从熙宁十年（1077）二月提出改革陕西盐钞法，经过半年的努力，至八月离开三司，盐货市场就开始好转。到沈括晚年时，他在《梦溪笔谈》中再次描述盐钞法时曾提到，由他提出的盐钞法执行了几十年，到他记述时有了良好的效果。人生最愉快的事情，莫过于自己苦心孤诣想得到的结果，在自己的不懈努力下能看到自己所期望的结果最终实现。从这个角度上来说，沈括推行的盐钞法是令他愉快和值得追记的美好回忆。

但熙宁十年（1077）的盐钞法改革，实际上是收买旧钞，旧钞就要贴纳现钱，在部分地区继续通行通商法。这样也造成了发行盐钞过于泛滥，国家花费了 500 万缗的钱收购原有盐钞，却还是有 59 万多缗盐钞并没有收回来。解州旧有的盐钞额度，在皮公弼的建议下，又有一定额度的增加，同时又出现了新的盐钞超额的问题，这个问题并没有得到妥善的解决。

三、详解钱荒现象

沈括在做三司使时的第二项主要活动，是对钱币发行问题进行了详细的研究及谋划。

宋朝币制相对比较混乱，货币的种类有铜钱，有铁钱，也有金银。当时纸币在部分地区已经诞生，我们熟知的交子，宋初出现在益州路地区。而丝织品等轻巧贵重的实物也在起着货币的作用。铜钱和铁钱中又有大钱、小钱、夹锡钱等多个品种。但更加复杂的是，宋政府还人为地把全国划分成了几个货币区，不同的地区使用不同的货币。大部分地区使用的还是铜钱，四川使用铁钱，陕西、河东同时使用铁钱、铜钱。铁钱价值更趋低贱。自从宋夏战争以后，军费激增，官府又铸造大钱来搜刮百姓。特别是在铜钱、铁钱并用的地区，本来已经复杂的币制更加混乱。

陕西和河东的老百姓，因为看不上铁钱（相比而言，铜更加珍贵），就把铜铸的钱藏起来，导致市场上流通的全是铁钱，而铁钱购买力不行，市场上的价格就大幅上涨。然而他们地处边陲，价值也就更低。同时，铁也是常见金属，相比其价值，铸成后的铁钱获利丰厚，所以冒着各种风险私自仿铸铁钱，一时半会儿还不好禁止。这早在宋仁宗时期的河东地区就已经出现了，后来终于意识到这样做的恶劣后果才停止。熙宁十年（1077），当时，河北转运司讨论在河北铸造铁钱，计划每年铸造 20 万缗（相当于 6000 万枚铜钱），以帮助提供经费。沈括则反对在河北使用铁钱，他认为河北产铁丰富，很多人就都会以冶铁为业。到那时候，冶铁的人与耕田的人几乎各占一半，而且如果河北使用铁钱，人们看到通过铸造铁钱可获暴利，老百姓就会冒死来盗铸，私人铸造的"盗版钱"愈演愈烈，最终倒霉的还是官府。

那么，如何弥补河北这 20 万缗的缺口呢？沈括主张统筹兼顾。他说，陕西本来就是使用铁钱的，可在陕西铸造铁钱，而把本来要在陕西铸造铜钱 20 万缗反其道而行之地放到河北制造，那么河北用不着改变钱法，所需经费也可以顺利得到解决。沈括这个两全其美的建议立即得到神宗的批准。

辽国用铁钱不断套取宋国的铜钱，铁钱越来越多，加上宋神宗时放宽铜禁与钱禁政策，允许私人制作的铜器和携带铜钱出境，到宋神宗时期货币的铸造达到顶峰。宋神宗下令在京西、淮南、浙东、浙西、江西、荆湖等六个路各自设置一个铸造铜钱的铸钱监，以此来增加货币的铸造数量。随着铸钱监的增加，铸造的铜钱也相应地得以增加。但这并没有解决北宋愈演愈烈的钱荒问题，一方面官府拼命铸钱，民间私自盗铸现象也大量存在；另一方面，无论是官府还是民间，仍觉得钱不够用。沈括在经济领域的成就，突出的就是探明了其中的原因。

沈括任三司使时，宋神宗问他，国家和百姓都储藏钱币，却都缺钱用，铜钱这样损耗，问题究竟出在哪里？沈括写了一篇奏章对宋神宗的问题进行回答。沈括总结出现钱荒的原因，也就是铜钱损耗的原因有八个。第一，天下人口在不断增长，消费水平也就不断提高，自然对铜钱的需求也就同步增加。这是正常现象。第二，由于水、火等自然或人为灾害，造成的钱币损耗和破坏的数量也相当惊人。以上两个原因是无法弥补、补救的。但是有一些现状却是可以想办法补救的，一是，开放铜禁之后，熔化铜钱来铸造铜器的现象十分严重，因为铜器的利益高于铜钱作货币使用的十倍。如继续开放铜禁，国家有一天可能会无钱可用。二是，因盐钞经常发生变动，贬值成为老百姓心头的噩梦，使百姓丧失了对国家的信任，因而老百姓一得到盐钞，立刻就抛售出去，对铜钱则尽为储藏，使得铜钱在市场流通量日益减少。三是，古代能用来充当货币的物品种类太多了，但金、银等贵重金属并没有能当货币使用。四是，官府库藏货币太多了，当时就连一个小小的城邑，都有不少于万缗的财富，但这些却不投入流通市场，自然就感到钱币少了。五是，周边各个少数民族都通行用宋朝铜钱，导致每年有大量铜钱流出国境，反而使得宋朝国内的铜钱数量不足。以上五种情况是可设法改变的。最后一个，自从宋朝收复西夏的河湟地区之后，也有不少铜钱流通过去。这一原因不足为害，也不必担忧。

这道奏章可谓十分全面，我们可以从中来了解沈括的货币思想。第一，奏章揭示了货币流通量和人口之间的关系。认为人口的不断增加，需要用到货币支付的地方也越来越多，导致需要流通在市场上的货币数量就要相应增加，这是导致市面流通货币数量缺乏的原因之一。但在这里，沈括似乎忘记了一点，就是人口的增加，也会相应地增加一批生产者，扩大了社会的生产量，导致社会生产增加，社会财富也随之增长，货币的购买力也就随之提高，因而可以使币值保持稳定。沈括忽视了这一点，似乎有失水准。

第二，沈括作为文臣，同其他宋朝士大夫一样，批评了宋朝对外的贸易政策，认为应当恢复铜钱不得输出国境的命令。边关大量的铜钱流出国境，加上老百姓把铜钱化掉变成铜器，可以说是造成钱荒现象十分重要的原因。相比而言，沈括采取的举措却也不是十分彻底，他只是提出禁止铜钱流出国境，但并没有具体拿出对策。同时，又将铁钱区别在外，沈括主张将河湟地区的铁钱流通到宋朝以外，来调节当地的货币流通量。这种做法事实上是一种通货紧缩的做法，有点像饮鸩止渴。因为铁钱外泄，也会导致铁资源缺乏，进而更大范围地影响社会生产。而且只允许铁钱出境，与沈括恢复钱禁的做法，有点自相矛盾。

第三，沈括的解决方法也是缺乏流通货币的，提出了坚持盐钞政策的做法。这种做法是将盐钞发展成类似现在的以信用货币来代替货币的做法，似乎超越了当时的社会发展阶段。市场能大量吸收流通货币，来加速流通速率，加之沈括赞成用金银来辅助流通，增加货币种类，以此来调剂货币的流通量，这倒是难能可贵。老百姓生活在贫困的环境中，根本没有资格使用金银做成的奢侈物，使得金银的价值反而降低了。如果将金银用作货币来流通，才能将其化无用为有用，既可以发挥货币的作用，又可以减轻缓解钱荒的现象，这种提法还是很有意义的。

第四，沈括注意到了货币流转速率的重要意义。他在奏章中的阐释比前人理解得更为深入和透彻。他注意到了货币的贮藏手段的职能，也注意到这个职能反而让货币失去了流通的意义。货币只有在流通的时候，其作用才会充分发挥。流通的货币速率越高，市场上流通的货币量就越大，沈括以"十室之邑"做比喻，指出十万贯钱藏于一家，永远只有十万钱，但十万钱分散到十家，互相贸易，就可产生十倍甚至无穷的利益，生动地解释了货币周转速度与货币量的关系。这种见解，在欧洲经济思想史中，要到17世纪才由英国的洛克提出，沈括提出这一思想比他要早600年。

沈括的很多货币思想，比他前代思考得更加具体和系统。其核心要义就是阐发了调节货币流通量的重要意义，使得市场上的钱币流通和社会对货币的需求量相适应。货币不宜发行过多，过多反而引起物价上涨；但也不能太少，太少则导致了钱荒现象，失去了货币通货的意义。至于奏章中提到的恢复铜禁、增加货币种类、奖励货币流通等做法，都是达到解决钱荒问题这个目的的具体措施。沈括提出的这些思想，正反映了宋代商品经济的高度发展，是对社会发展水平恰如其分的反映。

四、免役法之争

免役法是王安石变法最主要的内容之一，也是受争议最多的变法内容之一。免役法的主要内容是：第一，免除上四等民户差役，改为官府出钱募人充役。第二，农村上三等户可以按照户等交纳一定额度的"免役钱"。第三，城镇上五等户及农村原先不服差役的女户、僧道户、单丁户以及官户、坊郭户按户等交纳减半的"助役钱"。第四，在实际交纳的钱数之外，也就是除了免役钱、助役钱之外，另外交纳百分之二十的"免役宽剩钱"，以备水旱灾年份急需使用。

免役法自从开始讨论酝酿，到最终付诸实施和推广，一直受到像司马光、苏轼、苏辙等人的强烈反对和抨击。他们反对的理由多种多样，但最根本的是因为免役法让原先不承担差役的官僚豪绅和大商人失去了既得利益，还要交纳一半的助役钱，这触动并损害了他们的利益。

而且在免役法执行的过程中，确实也不可避免地出现了一些问题，主要表现在：第一，各地区的经济发展水平存在着高低不同的不平衡现象，民户所交纳的免役钱数目就会有所不同。相对而言，经济实力较好的地区，民众负担就相对较轻，而官户分布较为集中的区域，则因为官户将自己的减役钱转嫁到一般纳税户的头上，这反而使一般纳税户的负担加重了。第二，免役钱虽然规定官户和大地主之家要交助役钱，下等民户可以免交纳役钱，但在实际施行时，在两浙、广南等许多地区，下户的普通老百姓也要交纳役钱，一些地区甚至为了让下户交纳役钱，还擅自提高了下户的户等。宋代施行的是两税法，除了交纳夏秋两税之外，一般下户还要交纳丁口、杂变、和买等名目较多的杂税，如今再加上巧立名目摊派过来的免役钱，中下等户已经是不堪重负，反而使户等较低的这些民众陷入了更加悲惨的境地。总体而言，交纳免役钱，最大的受益者是朝廷，财政收入得到大量增加，缓解了财政压力。其次是非官僚地主阶级，虽然缴纳免役钱，但总算免除了职役负担。而最大的受害者是以普通自耕农为主的下等民户。

沈括在开始施行免役法时，尤其是受命察访两浙和河北西路时，对免役法也是肯定和支持的，但他慢慢地也发现了免役法的各种弊端。沈括在察访两浙农田水利和差役事期间，对免役法的执行情况进行了调查。他发现，两浙的民户尤其是中下等户为了逃避这难以承受的负担，往往将自己的田产放到大户之下，用假立一个户名的方式，来达到降低户等、分减役钱的目的。而对于不富足的老百姓而言，他们无力承担免役钱的负担，更愿意回到免役法推行之前，轮流到政府中去承担那种有一些风险但风险不是很大的差役。

到熙宁九年（1076）十一月，时任三司使的沈括上疏对免役法提出批评，主张减免户役钱。他主张：第一，保持差役法。第二，将民户分为重役、轻役、无役三等，重役者可得俸禄，无役者需纳役钱，轻役者依旧。沈括的主张既不是单纯的差役法，也不是单纯的免役法，而是两者的折中。他建议国家对衙前、耆户长、散从官之类的重役继续采用招募人来充役的方式，役钱则从原本需要承担差役的上等户和不用服役的官户和坊郭户中去征集。另一方面，役相对较轻的民户可以轮流充差，无须交纳免役钱，这种根据实际情况来采取灵活策略的方式，减轻了中下等户民众的负担，从根本上解决了民户隐匿田产、诡名立户引发的一系列问题，两者的弊端似乎都可得到弥补。

对于这项建议，当王安石在位时，沈括并没有任何表露。王安石于熙宁九年（1076）十月罢相后，十一月沈括便明确表陈，因此给人落下"反复小人"的话柄。时任侍御史知杂事的蔡确就表示，自从王安石罢相之后，沈括唯恐朝廷变更法令，因此偷偷向宰相吴充献计，要求改变役法，以此窥测皇帝的意图，作为他攀附升迁的资本。蔡确列举出了沈括三条罪状：第一，沈括对役法有意见不直接上书给皇帝，反而却私自报告给宰相，这是依附大臣。第二，以前（指王安石当宰相的时候）沈括只建议减少下等户的役钱，现在却主张恢复差役，这是反复无常。为此要求罢免沈括。第三，沈括的职务是三司使，却去干涉其他部门的事情，这是越权。

其实，综观沈括以往的政绩表现，对沈括来说，是否恢复差役并不是他议论的核心，也无关大旨，他的基本精神是体恤下层民户的苦难，照顾他们的利益。但是，在役法问题上，沈括这样做，实际上再一次走向了王安石的对立面。

至熙宁十年（1077）七月，沈括被御史蔡确诬劾，罢权三司使，下放到宣州（今安徽宣城）任知府。第二年，宋神宗曾经想让沈括任潭州（今湖南长沙）知府。潭州是荆湖南路第一大城市，知潭州者必兼任荆湖南路安抚使，地位自然高过宣州。但此时已经升任御史中丞的蔡确，还是不依不饶，又上言反对，要求宋神宗收回成命。

于是，神宗让沈括继续在宣州待了将近四年的时间，这是他政治生涯的一段低谷期。宣州显然对沈括来说并不陌生，这里是他初入仕途之地。十四年后，沈括被贬到这里，故地重游，或许是因为贬官，沈括的内心平添了几分沧桑感。但沈括此时才50岁不到，他仍然一直盼望着有朝一日能重新回到朝廷，施展自己的政治抱负。从他知任宣州时留下的诗文来看，他仍然对自己成就一番事业充满着渴望，盼望着事情有所转机。限于史料，我们无法确知沈括在宣州到底做了哪些事、取得了哪些业绩，但从沈括为官的一贯做法而言，他肯定不会碌碌无为、虚掷光阴。沈括将迎来他仕途的又一个高峰和最后的一站，请看下一章。

第七章

经略西北

一、对阵西北境

宋神宗赵顼是北宋皇帝中踌躇满志的一位，年幼时，就知道他的祖辈们想恢复幽云十六州和西北部的灵武一带，很早就立下志向要一雪宋朝历代帝王在对外战争中的屈辱，到他十几岁时，更是希望自己将来当上皇帝后能大有作为，进而解决长期困扰北宋西部的西夏政权和北部的辽政权袭扰的问题。治平四年（1067）正月，赵顼继承了皇位，刚刚年满二十岁。他希望能重建一个强盛的国家，更是希望大宋能再度恢复到汉唐时期的盛世天下。他怀抱着富国强兵的梦想，力图通过自己的努力振作有为、励精图治，对内积极任用王安石实行变法改革，实行多项政治改革，为对外用兵创造有利条件。北方的辽国相比较而言更强大一些，因此，神宗君臣的首要目标先锁定在位居北宋西北的由党项族建立的西夏政权身上。

西夏是由党项族拓跋部在唐末五代后逐步建立起来的地方割据政权。党项族原来居住在现在四川的松潘高原，以畜牧为生。唐代初年，首领拓跋赤辞帮助吐谷浑和唐作战，战败而投降唐朝，被唐太宗赐姓李。唐朝中期，受到吐蕃的逼迫，在唐朝帮助之下，唐政府在他们移居的庆州（今甘肃庆阳）设置羁縻州来加以控制。唐代宗时，被吐蕃所压迫，迁居银州（今陕西米脂）以北、夏州（今陕西横山）以东地区。到晚唐时，其中实力较强的拓跋部首领拓跋思恭占据宥州（今陕西靖边县东），自称刺史；之后协助唐朝攻打黄巢，被唐僖宗封为夏州节度使，赐号定难军；协助唐朝收复长安后，被赐姓李，封为夏国公。至此，夏州政权逐步形成一个割据陕北的藩镇政权。五代十国时期，夏州政权竭力避免卷入中原其他势力的内斗，向五代各政权乃至北汉政权称臣，并逐步巩固自己在陕北地区的统治地位。公元960年，宋太祖赵匡胤取代后周建立宋朝后，夏州政权的首领李彝殷（后来因要避讳赵匡胤父亲赵弘殷的名讳，而改名李彝兴）继续向宋称臣，并多次协助北宋来对抗割据河东的北汉。在宋政权逐步平定南方的南平、后蜀、南汉、南唐乃至吴越等政权后，宋太宗赵炅开始将目光落在了夏州政权上，并有意削除这个割据陕北近百年的民族政权。夏州政权内部反对李彝兴的孙子李继捧担任夏州节度使。太宗太平兴国六年（981），夏州政权的首领李继捧被宋太宗召入京城居住，命令亲宋的李克文来继续担任夏州节度使，夏州政权被宋吞并。但李继捧的族弟李继迁不愿意投降宋朝，率领族人逃往地斤泽（今内蒙古自治区鄂尔多斯市巴彦淖尔），公然反对宋朝并自立。为了争夺夏州，北宋与李继迁势力展开了长达十年的战争，结果李继迁屡战屡败。无奈之下，李继迁转而将进攻矛头转向西北重地灵州（今宁夏灵武）。宋真宗即位后，为求息事宁人，将夏州、绥州（今陕西绥德）、银州、宥州（今陕西靖边）和静州（今陕西米脂县西）割让给李继迁，事实上承认了李继迁势力的独立地位。真宗咸平五年（1002），李继迁攻陷灵州，改名西平府，李继迁逐渐以灵州为中心和立足点，向西扩展自己的势力范围。后又攻陷西北重镇凉州，截断了西域政权向宋朝入贡的路线，同时禁止西域各部向宋朝卖马，这严重影响了宋朝的国防力量建设。最终，李继迁在与吐蕃会盟时，被人暗算射伤后，不久伤重而亡。

时光荏苒，转眼到了宋仁宗明道元年（1032）十月，李继迁的孙子、李德明的儿子李元昊继承了父亲的王位。说起李元昊，这可是一位野心勃勃、想干出一番事业的君主。经过几年周密的布置和筹备后，于宋宝元元年（1038）十月十一日，元昊在兴庆府（今宁夏银川）南郊举行登基大典，正式称帝，国号"大夏"，实现了几代人夙愿的同时，也公然地与辽和宋这两个大国分庭抗礼。建国后，元昊迅速着手对北宋大规模入境侵扰。而当时宋朝廷显然并没有将这个他们认为的"蕞尔小国"放在眼里，对西夏政权也没有足够的重视。万万没想到，夏政权迅速用几场战役对宋的轻视予以强烈的回应。宋康定元年（1040）初，元昊率兵攻打延州（今陕西延安），在三川口之战中打败宋军，进而乘胜继续攻击，先后在两年内的好水川之战、麟府丰之战和定川寨之战取得胜利，歼灭了宋军在西北的精锐军事力量数万人。

面对西夏咄咄逼人的军事进犯，宋朝内部出现了对付西夏的两派意见。一派以当时的陕西经略安抚使韩琦为主要代表，主攻；另一派以范仲淹和夏竦为主要代表，主张采取守势。范仲淹等的主张以守为主也不是简单的消极防御，而是强调要整体整顿边防，加强西北军备，提高宋军的战斗力，为整体击败和攻灭西夏做好必要准备。随着上述四大战役中，西夏元昊在与宋军的交战中屡次夺取胜利，宋朝廷主守的声音也越来越赢得朝野上下的支持。宋朝的士大夫清醒地认识到，宋朝政治上的腐败带来的国力下降和边境防御松弛是导致对夏战争中屡战屡败的根本原因。要想改变对夏攻守中的被动局面，首先还是要改革朝廷内部的政治。再看西夏，虽然取得了多次战役的胜利，甚至在对辽军事上也取得了胜利，但是毕竟是个小国、民力有限。为了避免两面受敌，元昊也审时度势，主动对宋称臣后，提出与宋议和。此后，在宋的西北边境出现了两国局势短暂的缓和局面，其间宋夏两国虽然没有发生较大规模的军事冲突，但两国之间小的军事纷争还是时有发生。

到宋神宗即位后，作为一名年轻的君主，宋神宗任用王安石变法，以求富国强兵。而"强兵"最主要的着眼点在于改变过去对辽和西夏的军事被动局面。为此，宋神宗君臣提出用武力来制服西夏，以此削弱辽国，解除长期以来这两个劲敌对宋北部和西部的威胁。他们首先选中西夏作为重点进攻的目标，加强宋辽边境上守备力量。一旦对西夏在军事上取得优势，也能间接地削弱辽国的力量。由此，宋朝廷改变多年对西夏相对缓和的局面，转变为积极对西夏用兵的攻势。而要取得对西夏的优势，首先就是要谋求取得横山一线的优势。横山横亘于宋对西夏的西北边境线，其位置在今天陕西榆林市横山区南部，海拔1200—1400米，大体位置在桥山（今陕西黄陵县西北）北麓，南边与耀州（今陕西铜川市耀州区）相衔接，北边与盐州（今宁夏回族自治区定边县）相连，东边毗邻延州，绵延八百余里，地势险要，是西北部各民族与中原地区进行接触的桥梁与门户，也成为宋与西夏争夺的军事焦点所在。宋真宗咸平年间，李继迁夺取这一带后，并将自己的政治中心迁到这一带，宋政权渐渐丧失了对横山地区的军事控制权，由此西北的门户大开，而神宗时要想取得对西夏的压制，就必须夺回这一地区。其实早在神宗刚刚继位的治平四年（1067年，正月宋英宗去世，宋神宗继位未改元），宋将种谔就夺回延州，遏制了西夏由此进入关中平原和威胁河东地区的咽喉，宋政权谋取横山的行动由此展开。此后，宋军先后在绥州和庆州击退夏军的反扑。在此鼓舞之下，宋朝廷决定采取大规模的对西夏的军事行动，宋神宗先后派遣韩绛和吕大防等重臣来到西北前线指挥对西夏的战事。到熙宁三年（1070）十一月，韩绛发动七路大军对横山天险展开争夺，但不久戍守庆州的宋军两千人马在吴逵的带领下发生兵变，虽遭镇压，但致使关陕震动，宋军不得不退守绥德，神宗对西夏的攻势暂时告一段落。

与此同时，宋神宗和王安石认为，要完全取得对西夏军事压制的胜利，不光要夺取横山地区，更要控制河湟地区。河湟地区是指黄河和湟水附近的地区，在这一地区的东部和北部，宋和西夏相接壤，其中居住的民族就是当时的吐蕃民，这里是北宋和西夏都极力想控制和争取的地区。控制好河湟地区，可以阻断西夏与在它西边的吐蕃民族联合，增加自己的实力。而宋朝廷如果能控制河湟地区，可以通过招抚与武力相结合的手段，控制这一地区的吐蕃部落，进而阻断他们与西夏联合，避免宋军陷入两面受敌的不利局面，同时可以对西夏采取钳形攻势，以对西夏进行半包围式的攻击和压制。这一做法，从宋神宗开始，经过神宗两个儿子——哲宗、徽宗时期的不断努力，逐渐取得了夺取原西夏控制的横山地区，从另一侧面攻打并取得黄河、湟水地区，为宋军能彻底解决西北地区的边患，压制乃至打赢西夏打下了坚实的基础。

宋神宗将争取河湟地区吐蕃部落归附宋朝的重任交给了当时秦凤路安抚使司主管机要文字的王韶。王韶字子纯，是江州（今江西九江）德安人，他是以进士入仕途，曾在陕西一带，了解当地的边境情况。熙宁元年（1068），王韶来到京城向宋神宗进献他自己的心血之作三篇《平戎册》，强烈认为西夏是可以被打败的，并且认为，如果要先打下西夏，就应该先收复黄河、湟水地区的土地，进而使西夏人有腹背受敌的威胁。王韶这一通过控制河湟地区的战略思想得到了包括王安石在内的神宗君臣的支持，最终他们商定由王韶来担负起对河湟地区吐蕃各部落的招抚和攻打工作。王韶虽是一介书生，但不辱君命，短短几年间，相继收复了熙州（今甘肃临洮），以及洮州（今甘肃临潭）、岷州（今甘肃岷县）、叠州（今甘肃迭部）、宕州（今甘肃宕昌一带）等方圆两千多里的大片土地。到熙宁五年（1072），神宗下诏新置熙河路经略、安抚使，下辖熙州、河州、洮州、岷州与通远军。熙宁七年（1074），王韶因熙河的战功加官晋职担任左谏议大夫、端明殿学士。一年后，又加资政殿学士，赐第到崇仁坊。

王安石去职罢相后，宋神宗继续先前定下的武力进攻西夏的战略意图，而且继续非常重视西北边防建设，等待时间希望再次攻击横山，以期给西夏军队以致命打击。就是在这样的历史背景下沈括调知鄜延路。

宋神宗为何如此重视对西夏的经略？因长期以来，宋朝西北边疆受西夏威胁极大，一直很不平静。神宗讲求富国强兵，首先要求摆脱西北所处的窘境，制服西夏成为当务之急。早些时候，宋神宗本有出兵西北的打算，现在经过军事改革，已出现一些新气象。同时，财力物力也有了增强，采取行动，此正其时。在皇帝看来，沈括就是文武全才，前番在河北措置，也曾大显身手，出使辽国交涉边界，又做得有声有色。要想经营西北，沈括正是最佳人选。

二、调知鄜延路

宋辽澶渊之盟后，宋与辽之间虽然在边界划分上时有摩擦出现，但两国基本上还是维持了较长时间相对和平的局面。但在北宋的西北，宋与西夏在边境上可谓战事频仍，烽烟不断。为了彻底平定相对势力较弱的西夏对北宋西北长年的军事骚扰，进而剪除西夏达到削弱辽国的目标，宋神宗希望能通过武力手段对付西夏在边境上的军事挑衅。由此，他想到了暂时因事被贬知宣州的沈括。

总体而言，沈括被贬知宣州后，并没有失去宋神宗对他的信任，至元丰三年（1080）五月，神宗颁下诏书，让沈括以得罪外调身份起用知延州（今陕西延安），并兼任鄜延路经略安抚使。不久，沈括又奉命处置前任吕惠卿在陕西边防的未尽事宜。总领一路的军政和民政，说明宋神宗对沈括还是重视的，寄希望于沈括在对西夏方面攻防上担当重任。

鄜延路在当时统辖延州（今陕西延安）、鄜州（今陕西富县）、丹州（今陕西宜川东北）、坊州（今陕西黄陵县西北）和保安军的四州一军，后来又先后增加了绥德军和银州，当时沈括担任的经略安抚使的治所就设置在延州。大体上说，鄜延路相当于是一个军区，管辖今陕西省北部地区，在当时是宋和西夏交界对峙的前哨阵地。宋人将现在的陕西分成四路，设置帅府，防御和经略西夏。在陕西四路当中，鄜延最为重要，是抵挡西夏南来的必经之路，因此极具战略价值。宋朝在这里布置的边防军数目较多，在西北设置的四十二将中，鄜延占了九个，而且还修筑有坚固的堡寨。沈括所担任的经略安抚使，管军的同时还兼管着老百姓，职权重大。沈括赴任之前，特地赶到东京，神宗对他面授机宜。到达陕西上任后，神宗又要求沈括负起重任，说："今一方边计，悉责在卿。一有阙误，必正典刑，凡事恻怛，勿为推责便文之计。"

选择已经被贬的沈括担任鄜延路安抚使，是宋神宗深思熟虑、对沈括长期考察的结果。早在几年前的熙宁七年（1074），沈括在察访河北西路的时候，在河北对辽前线，沈括组织开筑塘泊、修建城寨；回到京城后，沈括积极向皇帝建言献策，提出了几十条关于加强对辽防御的建议。而且在此期间，沈括还主持了军器监的工作，他对战时如何排兵布阵和防御工事的构建等方面都下了很大的功夫去研究。与一般的文职官僚不同，沈括非常注重对兵器的技术改造和监造，为国家的兵器储备和对西夏的用兵提供了比较坚实的军事装备基础。这些都体现出沈括在军事方面确有过人之处，显示出了较高的军事才能。

沈括到达延州后，立即着手多方面的准备工作。他从进攻西夏的策略制定、后勤保障的相关制度，从对宋军部署到周密地整顿边防，以及训练士兵、提升将士们杀敌士气等各个方面，都认真筹备，事无巨细，尽心尽力。

而西夏内部这时正矛盾重重。熙宁九年（1076），年仅16岁的夏国君主夏惠宗秉常亲政。他是元昊的孙子、夏毅宗谅祚的儿子，因毅宗英年早逝，惠宗秉常即位时只有7岁，母亲梁太后摄政，舅舅梁乙埋为相国。秉常对汉族文化有着浓厚兴趣，主张使用汉礼，却遭到梁氏家族的反对。元丰四年（1081）三月，秉常与部将李清密谋归降宋朝，想借助宋朝的力量打击梁氏集团。不料机密泄露，仇视宋国的太后梁氏发动兵变，捕杀李清，囚禁了秉常。秉常的亲党和一些酋长豪族也拥兵自重，与梁氏对抗，西夏顿时陷入一片混乱。

消息传到宋朝廷，宋军一时军心大振。包括担任鄜延路经略安抚使的沈括，与秦凤路的曾孝宽、环庆路的俞充、熙河路的王克臣等大臣趁机上奏朝廷，认为这是一个千载难逢的好机会，劝皇帝趁机兴兵灭夏。要求趁西夏内讧之机，兴兵讨伐，进而夺取横山地区，直捣西夏的统治中心兴宁。沈括的部下将领、鄜延路马步军副都总管种谔更是几次上书朝廷，要求发兵灭夏。种谔说，现在夏国内乱，如果契丹抢先举兵，吞并夏国，对宋将构成很大威胁。如果西夏大地归宋所有，那么契丹将势单力薄，希望皇帝能留神此事，早运胜算，这是千载一时的机会。种谔甚至提出，不必远调其他各路军队，也不必征发粮草，只要调发鄜延路的九将人马，裹粮出寨，就可直捣夏国腹地。种谔甚至口出狂言："夏国朝中无人，秉常实际上是个小孩儿。我只要去了提溜着他的胳膊就能把他带回来。"神宗或许是太想立下这貌似触手可及的不世之功了，竟被他的豪言壮语打动，当下就任命种谔为鄜延路经略安抚副使，让他成了沈括的副手，下令鄜延路及鄜府路的军事行动都听种谔节制。

在熙宁七年（1074）王韶控制河湟地区之后，宋朝在河湟地区的用兵基本上暂时停止。宋神宗将对西夏的军事攻略又重新放回西北部的沿边地区。面对这样的好机会，宋神宗思之再三，虽然他心里也是充满渴望，但没有立刻答复种谔的请求。决定以夏国主秉常被母亲囚禁的名义，兴师讨伐西夏。他指派宦官王中正前往沿边地区来处理好西北边疆的事情，他命令沈括与种谔秘密商量，点集兵马，招降夏国的部族首领，等大军集合后再行进发。不久，宋神宗在开封召见种谔等将领，命他们秘密聚集自身统帅的兵马，招降吐蕃的兵马首领，积极为攻打西夏做好相关准备，避免错过这样的好机会而后悔不及。

宋朝开始部署五路军队，从左、中、右三个方向全线出击攻打西夏。具体计划是先攻下灵州（今宁夏回族自治区灵武南），然后直捣西夏首都兴庆府（今宁夏回族自治区银川）。这五路分别是：一路是环庆路军队，其统帅是高遵裕；二路是泾原路军队，统帅是刘昌祚；三路是熙河路军队，统帅是李宪；四路是鄜延路军队，统帅种谔；五路是河东路军队，统帅王中正。沈括则负责镇守鄜延。

元丰五年（1082）九月，宋师先发制人，种谔带着鄜延兵和畿内七将兵，分七军，自绥德出塞，列成方阵前进，在米脂大败西夏兵，可谓首战告捷。紧接着四天后在无定河畔又取得大胜。到十月夺取米脂寨。接着，又夺取石州、夏州、银州，高遵裕部几乎兵不血刃地攻下韦州，然后由环洲继续北上。高的部将刘昌祚率领五万汉人和吐蕃人混合的军队在磨脐隘展开激战并大获全胜后，直逼灵州城下。左路的李宪部也于九月初攻下兰州高地，并以兰州为基地，留下自己的部将李浩在兰州戍守，自己则亲率大军继续向东逼近灵州地区。沈括在向朝廷上报的《贺捷表》中报告说，宋军三路大军接连收复了银州、夏州、韦州、宥州、兰州、石州、清远军等地和米脂寨、细浮图、三堡、塞门、鸣沙、姜诈王都等寨，取得了几次大胜。

宋军取得胜利的原因主要是，宋神宗和王安石这时对西夏的战略是明确的，就是要武力吞并西夏，因此君臣对西北的军备非常重视，诸如训练将士、修筑城池、筹措物资和战场攻略方面都下了很大功夫，付出了全面而细致的努力，可谓准备非常充分。反观西夏一方，其高层斗争引发了全国的动乱，人心不稳，面对宋军大规模的突然袭击，几乎开始没有什么防备，无心恋战，乃至丢盔弃甲，纷纷弃城倒戈。所以几路宋军都是势如破竹，在攻城夺寨中占据西夏大片领土。

但是，当几支宋军到达灵州地区后，战场上的优势逐渐丧失。随着宋军长驱直入，暴露出的问题越来越多。最直观的是随着宋军粮饷补给线拉长，各路都开始感到粮饷缺乏。十一月，驻军麻家平的宋军饥饿，仍大败夏兵于黑水堡。到夏州南面的索家坪时，军粮缺乏。走了八天，到盐州一带时，遇到鹅毛大雪，宋军饥寒交迫，死者不计其数。种谔面对此情此景，不得已只好撤兵。其他各路军的遭遇也差不多如此，攻至灵州的环庆兵，更是在围城达到十八天都不能攻克的情况下，反被西夏军队决开黄河，引水灌营，宋军大败而回。

造成宋军先胜后败的原因是多方面的。一是宋军先声夺人，开局顺利，导致宋军普遍上下轻敌冒进，反而带来了粮饷不继。其实，王安石也不是糊涂人，他深知粮饷问题是决定宋对西夏战争的关键，西北边粮的储备其实也相当充足。但这次兴兵开始的顺利，使得自神宗到三路宋军将帅都普遍有了轻敌冒进的思想，都主张对西夏作战可以速战速决，而忽视了西夏的反击。种谔甚至提出让宋军轻装前进、直接攻打西夏统治中心的冒险建议。宋神宗作为最高统治者，不能及时制止这种轻敌行为，反而赞叹种谔，觉得他忠勇可嘉。西夏军队在战争前期受挫之后，并没有慌乱，面对宋军凌厉的攻势，他们迅速地采取了坚壁清野的战法，攻击远道而来最重要的、能够供给他们军事物资的粮道，打蛇打七寸，一下子找准了宋军的命门。

也是受轻敌冒进思想的影响，宋军在攻打西夏时，并没有采取稳扎稳打的策略，反而一路上只图攻城略地、长驱直入。面对后勤供应已经被战线过长所拖累的情形，沈括表示了他的忧虑。他意识到了粮草是最为紧急的事务，并对军队与运输粮草的民夫人数和行进的时间进行了测算，初步测算发现，如果 3 位民夫供应 1 个士卒，算上来回顶多维持 16 天，结合当时宋军攻击西夏人数来说，要组织 30 万的民夫给三路宋军运输粮草则十分困难。而摆在沈括面前的现实情况是，三路宋军长驱直入几个月后，已是人困马乏，加上粮草不继，让沈括这位在后方镇守延州负责后勤保障的经略安抚使非常头疼。他在向宋神宗上报时提到，鄜延路给前线运输粮草，延州下辖的各个县男丁都已经没有了，现在都开始差遣妇女了。沈括对增加河东军队加入战斗的想法明确表示了反对意见。

沈括还就粮草不继的现状提出了两条建议：一是从现在前线的军马中抽出一部分军队来截断运输粮道的西夏军队；二是在运输粮草的交通要道屯驻军队来保障运输粮道的畅通。可是沈括的好建议并没有被采纳，宋军也终因粮草的问题大败而归。

其次，宋军上下不和，有功都抢着争夺，有过错却相互推诿。宋军本来互不统属，彼此之间相互争功诿过现象就时有发生。种谔不遵守五路约好的举兵日期，为了争夺军功，提前率领鄜延路军马进攻绥德。宋神宗告诫他要与其他各路军马齐心协力，并让种谔接受王中正的节制。中路的高遵裕行动迟缓，不能按照预定日期与刘昌祚部会合，而刘昌祚部在前期胜利的前提下，决定乘胜继续前进，一路从葫芦川出来，经过磨脐隘，再过鸣沙川后逼近灵州。但为了争夺军功，高遵裕不允许刘昌祚部攻打灵州。但在高遵裕终于到达前线后，西夏军队早已经做好了准备，紧闭城门，宋军错过了攻击灵州的绝佳时机。刘昌祚建议先扫清灵州外围、孤立灵州的战法，但高遵裕却执意要现在攻打灵州，甚至要将刘昌祚统辖的军队交付给别人。之后高遵裕又命令刘昌祚部负责巡逻各个营寨，不让他参与攻城，最终导致宋军围困灵州十几天无果而终之下招致溃败。

再次，宋朝自建立以来，就有鉴于唐末五代以来各个节度使拥兵自重、尾大不掉的局面，对将帅的兵权采取了种种措施予以防范，就是怕再次出现这种将帅拥兵自重的现象，采取了诸如统兵权和调兵权分离，国家遇有兵事就由朝廷临时委派统帅，甚至要按照军事最高决策机关枢密院布置的阵图来具体部署作战等一系列削弱军队统领者兵权的措施和做法。战场上形势本来就瞬息万变，兵法要求"将在外，君命有所不受"，这些做法反而削弱了军队的灵活机动性。尽管王安石变法时期，宋朝廷颁布了一些希望能"强兵"的举措，提高了宋军的战斗力，但痼疾难除，宋代皇帝对军队的不信任几乎是与生俱来的。如这次宋神宗对西夏用兵，他指派宦官王中正到作战前线来节制这次军事行动。但王中正根本不懂军事，不懂战法谋略。他带领六万宋军从麟州出发，走了几里路就上报说自己已经进入西夏境内。当军队到达白草平之后就干脆下令安营扎寨，安安稳稳地九天不前进，坐视战争的进一步开展。当得知种谔的军队已经取得长驱直入的胜利战果时，他为了争夺军功反而积极起来，决定进攻宥州。而事实上，宥州的西夏守军早已弃城而逃，王中正部不战而得宥州空城。进占宥州后，不谙军事的王中正越发妄自尊大，他侮辱官吏，不爱护部将士卒，致使冻饿而死的宋军非常多。当几路宋军一起约定攻打灵州，王中正又没有按照约定行事，到达灵州后纵容自己的属兵到处放火抢掠，宋军本身就是到了西夏境内，这样使得宋军更加丧失民心。宋神宗派遣这样的人到前线来指挥作战，反而给宋军招致更大的损失。

宋军这次对西夏用兵虽然大败而还，却实实在在地攻占了西夏的大片地区，并逐步控制了横山地区。沈括作为鄜延路的最高统帅，坐镇延州指挥若定，一方面神机妙算，从容应对，另一方面积极准备军粮为前线的军队供应，并积极做好安抚百姓、招募军队、整饬军队、提升士气等相应工作，也算可圈可点。

第一，他考察了延州境内旧的丰林城，在仔细研究筑城的方法后，沈括亲自主持实地丈量了这座古城。沈括认为沿着宋夏边境各座城的城墙虽然厚实，但是城墙上马面却不够长，甚至有些马面损毁严重，这都导致在防御敌军攻击过程处于不利局面。宋军是守方，一旦敌军兵临城下，短小的马面不利于宋军射杀攻至城墙脚的敌军。沈括通过考察丰林旧城，认为这座城的筑城法是非常值得学习的，并将这种筑城法加以推广到其他沿边城寨。

第二，沈括还大力推行保甲法。沈括早在河北西路做查访使时就曾积极实践这种做法，他当时就将边境的居民加以组织后推行准军事化的管理与训练。到任鄜延路之后，沈括考虑到禁军虽然可谓是宋军当中训练最有素和装备精良的军队，但他们对沿边地区既不熟悉，又不适应当地气候，还需要与当地的民众积极配合作战。为此他更加重视发动边境居民的准军事化做法，鼓励边民进行骑射比赛，成绩卓越者，就亲自斟酒慰劳。沈括的积极提倡给鄜延路沿边的青壮年男子以极大的鼓励，开始以习武为荣，自卫能力也得到了较大程度的提高。沈括优中选优，挑选出一千多人来配合宋朝官军作战，充分发挥当地土著熟悉地形、懂方言和善于骑射、勇猛顽强的特点，取得了令人欣喜的成就。

第三，沈括认为军队要赏罚分明，恩威并用。他初到鄜延路的时候，宋廷下诏要奖赏在鄜延路屯田戍守的禁军，而对其他军队则无任何奖赏。沈括认为，其他种类的军队和禁军一样，他们都接受国家的命令，在此守卫边地，却不能与禁军享受同样的待遇，这有失公平，而且会造成人为的不和，不利于多种军队协同作战。沈括思之再三，最终违背皇帝的意思，对其他军队也进行奖惩。神宗皇帝得知此事后，深表赞赏。

第四，当得知左班殿直刘归仁带领一支三万人的军队擅自南逃，以致全军溃败时，沈括坐镇本路。他认为，擅自南逃是因为缺乏粮草，如果将他们视为逃兵而加以荡平，不但是内部自相残杀，而且还导致军心不稳。为此，沈括不但没有派兵征剿这支军队，反而在延州犒劳饥寒交迫的军队，让他们各自继续驻扎在原来的营地。经过十天，这支三万人的军队全部收归，沈括重新整顿，并检阅了这支军队。但当这支军队南逃的主谋回到营中时，沈括毫不留情，果断地将他斩首示众。这种赏罚分明的治军思想、恩威并施的治军策略，受到了鄜延路将士们的一致拥戴。

三、后方显才能

在前方战事大规模展开的同时，作为经略使的沈括则留守后方，责任十分重大。沈括无时无刻不在保持警觉，防备西夏军的侵袭。他部署军队停当，遇有夏人乘虚入境，即令监司代行州事，自己则亲率城中军队前往迎敌。

当年十月，在米脂战败的西夏将领梁永能，打探到德靖寨（今陕西志丹县西北）兵都随种谔出界，就前来偷袭。等到西夏人进入境内，沈括立刻出兵，将其击败，梁永能只好带兵后撤。同月，夏兵数万又来合围顺宁寨（在今陕西志丹县北四十里），当时顺宁寨的宋军守将看到西夏军势大，想要闭寨自保，对此沈括坚决反对。沈括认为，这种当缩头乌龟的自保是一种示弱行为，会让西夏军队更加横行无忌。沈括派部将景思谊、屈理带领三千兵马攻打西夏军队，接着前锋李达带兵一千人出城，携带万人所需要的粮食，声言鄜延路帅臣沈括将亲自带兵督战，借此故布疑阵。西夏人不知虚实，心惊胆战，军心涣散，纷纷惊慌溃散。沈括攻下磨崖寨，俘虏敌军万人、缴获牛羊三万头后凯旋。

顺宁之战是沈括运用计谋、以少胜多的战役，显示出沈括非凡的军事才能。起初，宋神宗并不赞同沈括亲自出战的计划，他在给沈括的诏书中表示，沈括是一路的经略安抚使，不可贸然领兵轻动，更重要的责任应该是镇守好州城来稳定军心、民心。事实上，上文说的几路宋军攻打西夏，因为没有采取步步为营的战役策略，而是长驱直入，虽然取得了暂时的军事胜利，但实际上被宋军击溃的西夏军队却又能很快地聚集起来，正好横亘于前方的宋军主力和后方的宋军大本营之间。西夏军要么拦截后方运往前方宋军的粮草和战略物资，要么转而进攻因全力攻击西夏而后方空虚的宋朝境内，而面对西夏入境袭扰，沈括如果只是安安稳稳地坐在帅府之内，而不采取积极主动的行动，一旦边寨有失，不仅会使得后方震动，而且还会影响宋军在前方的军事行动。因此，沈括积极主动、先发制人的对策，毫无疑义是正确的。

沈括在陕西最有名的功绩，当推细浮图、吴堡、义合、葭芦等四寨的智取。元丰四年（1081）十一月，奉命西讨的河东军撤退途经鄜延路附近时，沈括命令骑兵将领焦思在绥德城前故意夸耀势力，并放出沈括兼领河东十二将兵力的风声，即将率军西讨。当时驻扎在浮图城的西夏军听闻这个消息，赶紧派探子前来打探，发现果然有一大队人马在绥德城聚集，顿时大惊失色，迅速弃守浮图寨落荒而逃。沈括兵不血刃，占领浮图寨。而吴堡、义合两寨夏兵陷入孤立无援的境地，不堪抵抗，就留下两座空寨，跟着北撤。沈括就这样，利用自己的军事谋略，攻下了浮图、吴堡和义合三寨。这三个寨，加上此前被宋军攻占的米脂寨，实际都属于前文我们提到的横山地区。这几个军寨，本身易守难攻、地势险要，是西夏军队以此进攻宋军重要的前哨据点。宋军占据这些堡寨后，逐渐地占据和控制了横山南麓地区，这为宋军占据横山的军事行动奠定了坚实的基础。

此外，元丰五年（1082）三月，沈括执掌的鄜延守军取得了金汤大捷。金汤在保安军西北一百里左右。灵州大战后，西夏军想趁宋军长时间作战而疲惫不堪的时机，打算以金汤城为据点，召集军马，乘虚袭击鄜州（今陕西富县）。于是命宥州观察使格众带兵三万，驻扎在金汤堡，意图以此为南进的基地。没想到，沈括先发制人，避实就虚，以声东击西的战法调动、打击西夏军。沈括派遣鄜延路副总管曲珍率步骑兵两万驻扎东川，声言会去袭击西夏的葭芦寨。西夏人果然中计，把兵力调集到东路去，这样导致金汤守备空虚。让西夏军想不到的是，曲珍一军向东行了几里路，立刻勒马返旗向西奔行，三天内就到达金汤。守卫金汤的西夏守将格众猝不及防，仓促应战，被宋军斩首一千五百多人。宋军活捉西夏的宥州观察使格众，取得了一场大胜。

占领金汤后，沈括又下令攻打葭芦城及其周边的西夏势力。沈括让曲珍驻屯绥德城，威逼明堂川，做好攻打葭芦的准备。西夏赶紧调兵一万人，扼守明堂川险要，以阻止曲珍前进。沈括见明堂川不易取胜，明修栈道，暗度陈仓，暗地派部将李仪绕道河东境内的客台津，连夜渡河袭击葭芦寨。夏人遣兵回救，和李仪展开激战，大败，曲珍乘胜占领葭芦。与此同时，又占领各寨，宋朝得到两百里土地和军士四千人，筑寨置兵，增强了西北的边防力量。

金汤、葭芦战役的大获全胜，让宋神宗非常高兴，他接连降诏75道、敕书30道、宣487道、札子86道给沈括，大力褒奖曲珍等立有功劳的将官。元丰五年（1082）二月，因为沈括在鄜延路的军事上的巨大功劳，命沈括自龙图阁待制迁官龙图馆直学士。神宗还采纳沈括的建议，在葭芦和米脂寨之间修筑堡寨，以此加强对横山沿线的控制。

沈括在军事上的才能，概括来说，一是采取主动战略，集中力量打歼灭战。二是注意训练士兵，建筑堡垒，重视储备粮食。三是收纳投降过来的人，招抚逃散者，关心下属。四是信赏必罚，恩威并重，严饬军纪。沈括自己主持大计，运筹帷幄，备极劳碌，他的许多措施都受到神宗的充分的支持。神宗甚至给他便宜处理的权力，以解决来不及向皇帝上报的紧急军情。

四、惨败永乐城

元丰四年（1081）对西夏五路进攻的失利，是宋军轻敌冒进对西夏战略失败的集中体现。尽管如此，宋军还是在局部取得了军事胜利，包括攻占了米脂、浮图、义合等堡寨，又相继收复了银州、宥州、夏州和兰州等地。对西夏的失败，使得宋朝统治者意识到对西夏的政策，不可能一口吃成胖子、毕其功于一役地立刻消灭掉西夏，转而采取相对稳重的攻防西夏战略。

西夏在宋军从灵州败退后，立即召集自己的力量准备进攻北宋。元丰五年（1082）五月，作为鄜延路经略安抚使的沈括和副使种谔奉宋神宗的诏旨条陈对夏的方略。主要内容有两条。

第一，站在北宋西北边境的地理环境来看，北宋之所以屡屡受到西夏的攻击而处于被动局面，是因为西夏控制了沙漠以南的横山地区，西夏动辄就利用横山的地利优势对北宋发动进攻。

第二，提出占领横山以占据地利优势的主张，并在横山地区修筑城寨，以此牢牢控制横山，并进而对西夏占据战略主动。

以上两点的战略得到了神宗皇帝的肯定，由于此举事关重大，宋神宗派遣给事中徐禧前往鄜延路来节制军事，与沈括、种谔等共同施行这一方略。

当年七月，徐禧和种谔分别上奏朝廷他们的战略方针。种谔主张修筑从银州开始，再将宥州的治所迁到乌延故城（在今陕西横山南），再修筑夏州城，使得银州、宥州和夏州三个州形成鼎足之势，以此来控制横山地区。徐禧则反对在银州故城建城，他提出在永乐埭筑城。永乐埭位于今陕西米脂县北，距离银州故城二十五里，北倚崇山峻岭，南临无定河，三面都有悬崖，形势十分险要。但远离后方，宋军在此筑城其实风险很大。种谔的主张实际与沈括提出的制夏方略大体一致，这个方略本身其实就是种谔与沈括商定的。但是，不知道是因为沈括改变了主张还是要迎合徐禧，沈括最终附和了徐禧的意见，朝廷也最终同意了筑城永乐城的主张。

八月，徐禧和沈括等人率领大军 8 万人，加上征集的役夫和挑粮食的人一共 16 万人，从鄜延路的延州出发向永乐埭进发，最终到达永乐川的第四埭开始修筑永乐城。由于种谔坚决反对在永乐筑城，徐禧就让种谔在延州留守。徐禧以自己节制军事的身份全权负责筑城永乐城的计划，而且他任命鄜延路经略安抚使沈括来节制修城，陕西的转运判官李稷帮助掌握修城进度，也就是说，徐禧是修筑永乐城的一把手，而沈括和李稷只不过是两个打下手的。西夏人听说宋军在永乐筑城后，多次派兵过来袭扰筑城行动，但都被宋军打败。到九月初城堡筑成竣工。徐禧任命景思谊带领四千人马在永乐城留守，曲珍部行营和李稷一起留在了城中。

宋军在永乐城筑城的消息在西夏国内引起巨大震动，西夏统治者普遍认为永乐城对他们威胁极大，如果不打下这个城，横山地区将被宋朝控制，这对西夏很不利。于是西夏统治者紧急征集兵力攻打永乐城，甚至紧急命令原来屯集于泾源的 30 万大军赶到鄜延路。宋军的探马几次来报急，徐禧却不以为然，始终认为西夏军队不可能来攻打永乐城，还狂妄地认为，如果西夏人来攻打，正好是他徐禧立大功的好机会。而神宗为了激励宋军将士奋勇杀敌、保卫永乐城，更是许诺，只要宋军能够在永乐城打败西夏军队，将士们得到的立功酬劳将超过在米脂立功获酬的一倍以上。为此，徐禧心里打起了小算盘，他想到的是要阻止和他"共同"提出筑城永乐城的沈括与自己争夺功劳。不久，徐禧和沈括离开了永乐城。

然而仅仅在筑城成功后的第四天，西夏军就有轻骑兵在无定河西岸驻扎，鄜延路副总管曲珍见势不妙立即派人向徐禧报告，徐禧仍然狂妄地认为这是西夏军队来送死，他让沈括驻扎在米脂，自己亲自率领两万五千人马返回永乐城。为此，他拒绝了别人建议他不要亲往的忠告，而在徐禧看来这是要他放弃即将到手的功劳。当神宗颁布命名永乐城为"银川寨"的诏书前脚刚来，后脚西夏以号称 30 万的重兵也"如约而至"。宋军将领对徐禧说永乐城小，敌众我寡，而且永乐城内没有水源，不可能守得住。徐禧却昏了头似的以为这是扰乱军心，把这位将领抓了起来。徐禧派曲珍率兵在永乐城外的无定河东抵挡西夏军队。但面对数倍于己的西夏军对，曲珍认为，现在宋军军心已经动摇，不可能与西夏大战，如果开战就必然战败，请求徐禧能退回永乐城，但遭到徐禧的拒绝。由于宋夏军力量悬殊，曲珍率领的宋军很快战败，八百多宋军将士全部战死，损失惨重。曲珍只得率领残部退回城中，而西夏军则乘胜包围了永乐城。

　　宋朝廷得知西夏前来进犯永乐城，立即从河东和麟府州两路派遣两万兵力紧急来援助永乐城，又命令李宪留两万兵马守卫泾源，其他剩余兵力紧急赶往鄜延。沈括也在永乐城被围之后，率领 1 万兵力救援永乐，却被西夏的人马阻隔在无定河沿岸。这时候又有一支敌军以 8 万人攻打绥德城，沈括权衡利弊后，决定舍弃永乐城而去救援绥德城。留守延州城的种谔因为一直反对在永乐修城，同时遭到徐禧的排挤，更是心生怨怼，以要守护延州为名不去救援。麟府兵和泾源兵远水解不了近渴，永乐城顿时变成一座孤城，危在旦夕。神宗紧急下诏让种谔率军援助永乐，种谔却以自己离开延州城，没有合适的人来做好延州城的守备为由婉拒，朝廷只好再找胡宗回来权且守备延州，没想到的是，这时候永乐城中的徐禧、李舜举、李稷、高永能等宋军将帅均死于乱军之中，剩下的宋军更是伤亡惨重。根据沈括事后做的统计，经过 12 天的苦战，阵亡官兵 12300 人，一天中便丧失军马 7000 匹。只有曲珍率领少数兵力杀出重围。至此，宋神宗谋取横山的计划宣告失败。

　　从沈括和种谔提出修筑城寨，占据横山地利的方略，到最后永乐城失陷，前后不到一年半的时间，宋军损失惨重，其中原因很多，最主要原因恐怕便是战略失误和用人不当。

　　北宋战略上的失误主要集中在永乐城的修筑上。从地理位置上来说，永乐山势险要，是西夏必争的战略位置。占据这个位置，可以直接攻击西夏的统治中心，但是这座城寨却离宋军占据的堡寨相对较远，不利于相互救援。兵法说兵不厌诈，而宋军选择在永乐筑城，却将自己想控制横山地区的战略意图完全暴露给了西夏人，而且这个位置的存在，必然引起西夏人的恐慌，他们肯定是想把永乐城夺之而后快。所以西夏号称动用了全国的兵力，耗尽物力人力派重兵来争夺，从而使得宋军陷入全面的被动。可以说，北宋筑城永乐再一次犯了冒进的老毛病，本希冀占据永乐天险一步到位地达到拒敌的目的，然而被敌人穷追猛打，陷入被动挨打的境地。

再从永乐城周围环境来说，它后面倚靠的是大山，面临的是无定河，应该说是易守难攻。但它却有一个致命的缺点，就是城内缺水严重，没有一条河流从城中经过。为了解决这个问题，宋军在永乐城外大兴土木，又是修水寨，又是挖水井以满足驻城官兵的需要。当按照徐禧的命令驻军在无定河边的曲珍部被西夏军击溃之后，西夏包围永乐城就可以切断这座缺水城寨的水源。士兵被迫在城内挖掘水源，结果只挖出三眼水井，这有限的泉水仅仅能够满足少数的将领，绝大部分普通士兵却滴水未沾，渴死的士兵超过一半，所以永乐城很快就被攻陷。

再从沈括面对西夏兵进攻绥德，沈括权衡利弊后放弃救援永乐城而率兵退保绥德之后的反应来说，沈括已经意识到永乐城是西夏必须要攻取的战略要地，而对北宋来说，则并不是那么重要，它只是牵制西夏的一个前哨阵地。站在这个角度来说，西夏是必须要占据永乐城一带，而北宋则觉得这个城则不是必须保住，此种心态对军事行为的影响是根本性的。

导致宋军失败的第二大原因是用人不当。宋神宗派了一个不知兵法却又好大喜功，甚至都有点狂妄自大的徐禧来节制鄜延军事，直接导致了永乐城的失陷和北宋对西夏横山方略的全盘皆输。徐禧到了鄜延前线，一意孤行，求功心切，听不进去前线将帅的意见。他不顾种谔等人的反对，坚决要在永乐筑城。在永乐筑城和阻止西夏对永乐城的进攻问题上沈括屡屡建言，徐禧却专横跋扈，狂妄自大，甚至表现出一定的迂腐之气。而沈括作为一路的经略安抚使，性格的懦弱摇摆导致他在明明知道在永乐筑城绝不是什么好主意的前提下，却还是站在了徐禧一方。永乐城失守，主要是徐禧轻敌无谋，将领间又不协调，加上指挥错误，以致一败涂地。但虽然咎在徐禧，沈括回救绥德有功，但他毕竟是一路统帅，对这次失败不能推卸责任。宋神宗选派懦弱的沈括承担这样重要位置，也是某种程度上朝廷用人不当的表现。但我们也不能完全苛责古人，全部委过给皇帝、徐禧和沈括，具体到永乐城的修筑上，认为招惹事端，多生枝节。因为沈括参与计议，把他当作祸首看待。这些评论，也有欠公平。

在沈括被重新起用两年零五个月之后的元丰五年（1082）十月，因为永乐失陷，龙图阁直学士、朝散郎、知延州的沈括被贬为均州团练副使，随州安置。团练副使在宋代属于散官阶，没有实际职务，只为了领取俸禄，在宋代经常被用来安排犯了事的被贬官员。从此以后，沈括正式退出政治舞台，结束了他的政治、军事生涯，这一年沈括 52 岁。至于沈括被贬后的生活是怎样的，请看下一章。

第八章
贬谪随秀

一、随州"悔上楼"

元丰五年（1082）十月，沈括责授均州团练副使、员外郎、随州（今湖北随州）安置。团练副使是散阶官，只能领取半俸。安置相当于一种受管制的处罚，而且没有行动自由。从延州前往随州的路上，他的抑郁愁苦是可想而知的，在襄阳西北的光化道上，遇到大雨，沈括借景抒情作诗一首。

光化道中遇雨

望远初翻叶，随风已结阴。

雨蓬宜倦枕，乡梦入寒衾。

蓑笠侵郧俗，溪水动越吟。

烟波千里去，谁识魏牟心。

　　随州古称汉东郡，位于汉水流域，东北面是桐柏山区。这里
交通并不是特别便利，地方闭塞，而且经济又比较落后，在宋朝
经常成为被贬官员的去所。沈括在这里的三年时间里，可以说是
他一生中最为忧伤和难过的时光。但即便如此，他还是考察了江
汉间的地形，确定了古云梦泽的位置。沈括有一次登上随州的汉
东楼，写下了这样一首诗：

汉东楼

野草粘天雨未休，客心自冷不关秋。

塞西便是猿啼处，满目伤心悔上楼。

　　诗题中的汉东楼在随州州治之南。沈括在随州安置时，因为
没有行动自由，心情十分低落。大概是秋季的一个雨天，他登上

汉东楼，只见荒草遍野，苦雨不止，他的心情格外悲伤。"悔上楼"一句，表现了他对仕途险恶的恐惧，和对曾经过往的悔恨，实际上也是对自己多年政治生涯的一种否定。登上这汉东楼，就如同他孜孜以求考取科举进入仕途。沈括从小兴趣广博，并且给自己立下了"为学专"的志向。他度过了无忧无虑、随父宦游的童年，要不是因为父亲去世，家境艰难，沈括或许并不一定愿意出来做官。他因父荫而做了县主簿，也代理过一个知县，但因为恩荫入仕在他看来不是正途，毅然决定参加科举考试，最终如愿以偿步入官场。之后以自己的学识，赢得了正欲变法图新的宋神宗和王安石的器重与赏识。这时候沈括的政治生涯一帆风顺，没几年就当上了翰林院学士，这使得沈括更加坚信通过自己的才能，官场会给自己留有一席之地。但当他被贬到宣州时，仍然心心念念，想到的是皇帝或许会重新起用他，还有机会施展自己的政治抱负。而这次因为永乐城失陷而被罢官，沈括或许知道，这次罢官与被贬去宣州时的境况完全不一样，他开始重新审视自己，对自己的政治能力产生了怀疑，从而萌发出"悔上楼"的感慨。

二、秀州秋意浓

元丰七年（1084）二月，刑部上奏说，沈括可准赦量移。"量移"的意思是可以释放和调动地方。但宋神宗竟不答应，要他"更候一赦取旨"，也就是到下一次大赦时再说。

而下一次大赦的机会在第二年就到来了。元丰八年（1085）三月，38岁的宋神宗驾崩，年仅10岁的皇六子赵煦继承皇位，是为宋哲宗。哲宗继位之后，按例大赦天下。沈括也借助这次大赦的机会，被改授秀州团练副使、本州安置，仍不得签判书写本州公事。秀州就在现在的浙江嘉兴，离沈括的故乡杭州不远。这一年冬天，沈括奉诏书从随州出发，中间经过安陆，到达汉口，再经江州（今江西九江），途经润州（今江苏镇江），终于在当年年底来到了秀州。秀州相比上一个安置地随州要好了不少，这里地处两浙路的江南，气候和环境更加契合于沈括。虽然自由仍然受到一些限制，但能回到与故乡相隔不算太远的地方，这对于在随州安置得浑身不自在的沈括来说，或许是改换环境，或许是回到自己熟悉的两浙路，能到秀州安置，已经是非常不错的境遇了，这时沈括的内心有着说不尽的高兴。于是，他给哲宗皇帝和当时临朝称制的太皇太后高氏（也就是宣仁圣烈皇后高氏，宋英宗皇后）上表谢恩。其中给太皇太后的谢表中说自己犯下这等大罪，本当被朝廷永远抛弃，现在却给沈括这样的恩典，让沈括得以再世为人。沈括本不过芸芸众生中普通的一员，幸逢盛世，被先帝重用，但沈括自己不知谦虚和低调，终于得到覆败的命运。自从受到处罚以后，沈括更是一个编户之民了，本以为要在颠沛中度过余生，哪料太皇太后高太后能够大开洪恩，让沈括回到故乡，由此沈括对太皇太后和皇帝真可谓是感恩戴德了。

秀州虽不是沈括的故乡，但和钱塘都是属于两浙路，也可以说是重返乡间，"有以慰乡井之怀"了。又可以和亲友团聚在一起，这才是沈括所引以为最快乐的事。沈括总共在秀州住了四年。在秀州，沈括看着熟悉的江南美景，听着熟悉的家乡话语，他的心情似乎没有在随州时那样郁闷了。他在州治之西建啸诺堂，还写了一首诗。

秀州秋日

草满池塘霜送梅，林疏野色近楼台。

天围故越侵云尽，潮上孤城带月回。

客梦冷随风叶断，愁心低逐雁声来。

流午又喜经重九，可意黄花是处开。

诗意写尽秋天景色，青草满塘，蜡梅将开，冷梦已逝，大雁飞来，又是重阳日，处处菊花开。沈括心境确实与刚刚被贬到随州时的颓废心境相比好了很多。

但在秀州也不都是快乐。首先一件就是他的冤家对头苏轼到杭州来做官了，这给他蒙上了一层心理阴影。20年前，沈括与苏轼同在馆阁任职时就不太和睦。熙宁年间，沈括奉旨察访两浙，曾搜罗苏轼的诗作，回朝后呈了上去，说有"怨怼之词"，两人从此结怨。但现在一切都反过来了，苏轼成了他父母之邦的长官，而他不过是一个安置秀州的罪人。据说，沈括曾想去接近苏轼，往来迎送，对他甚是恭敬，苏轼却更看不起他了。苏轼在杭州上奏朝廷时，讲到两浙役法，又把沈括抨击了一通，说他以前奉使两浙，"辄以减刻为功"。

除此之外，沈括的家庭生活也不幸福。据朱彧在《萍洲可谈》中记载，沈括在治平元年（1064）任扬州司理参军时，为淮南转运使张刍赏识，以次女嫁沈括为妻。前面我们介绍沈括家庭情况时知道，沈括后娶的这位张氏不是个省油的灯，对沈括可是经常打骂，甚至胡子都被她拔下来扔到地上。张氏还容不下沈括前妻所生长子沈博毅，竟把他赶出家去。沈括心疼儿子，时常去接济，但张氏动辄发怒，还诬蔑沈博毅有凶逆暗昧之事。沈括晚年因为永乐之役，责官安置到随州时，这位张氏有没有随同前往我们不清楚。但在秀州时，张氏却是跟了去的，她还经常跑到官府里吵闹。张氏所生的沈括次子沈清直娶朱服的女儿为妻，朱服见沈家乱成这样子，心疼女儿，把自家的女儿接回娘家居住。朱彧是朱服的儿子，想来不会捏造事实，诬蔑前辈尊长，他所说的沈家门帏恶事，可能是真有其事的。

三、绘制《天下州县图》

在秀州的四年时间中，从颓废中解脱出来的沈括重拾学术，专心致力于编绘地图的事业。这件事我们前文也多次说过，《天下州县图》这幅巨大的北宋地图，就是沈括在秀州安置期间最终完成的。

这幅地图的绘制开始于熙宁九年（1076），那时沈括还在朝为官担任三司使，奉了宋神宗的谕旨编绘，又有机会利用政府所收藏的图籍，择取相关资料，做了不少绘图工作。但因为各种事务在身的忙碌，绘图工作始终是断断续续。后又经过两度贬谪，中间又曾守边疆，前后共计 12 年，他总是忘不了此事，将这些图稿随身携带，尽管时绘时辍，却一直坚持不懈，未尝作放弃打算。直到元祐二年（1087），终于把图编绘完成，申报到尚书省，元祐三年（1088）得到批准投进。

沈括所作的《进守令图表》说道："遍稽宇内之书，参更四方六论。该备六体，略稽前世之旧闻；离合九州，兼收古人之余意。四海可以输度，率土聚于此书。"

可见沈括在编图时花费了大量心血，参考了许多图书，采纳历史资料，绘制精详，内容丰富，工作完成得绝非轻而易举。依分路图的幅数看来，其分路标准，是采用成图时的十八路制度。

沈括将这幅图命名叫《守令图》，也叫《天下州县图》。理由是所绘疆域，仅限于北宋王朝权力所及的范围，其中包括设置有郡守和知县等官的地方。此外凡王朝统治力量不能达到的，也就没有被纳入图内。沈括是以北宋最新的行政区划为基准，吸收最新的资料，以此提高这幅鸿篇巨制地图的科学性，这和近代绘制地图原则是完全符合的。北宋人所著地理图书，喜欢将前朝旧有版图作为疆域范围，把许多已经划归周边各国的土地一并包括在内，以此表达收复汉唐旧疆的强烈愿望。这种处理方法，反映出北宋普遍对于汉唐时期国家强盛的理想追求，但一般地图要加上许多说明，终究是不大适宜的。沈括采取了较为现实的态度，一面根据现有版图绘制，一面将地图命名《守令图》，表示出金瓯的残缺。这样一来，就能双方兼顾，对北宋疆域沿革演变的过程，如实地加以反映。

绘图技术是这套《守令图》的一个亮点。这套地图吸收了中国优秀的绘图传统。过去有所谓"六体"的绘图方法，沈括的《守令图》自称是"该备六体"的，尤其对"六体"中的"分率""准望"二法，沈括一向颇有研究。分率和准望，已经与现代制作地图的某些理念相近，用现代地图学上的术语来解释，就是比例缩尺和方位，两者都是制图学上最基本的法则。《守令图》的缩尺，以两寸折一百里，相比于提出"六体"的西晋裴秀的《方丈图》比例要大一些。此外，裴秀所提出的高下、方斜、迂直等绘制方法，也被沈括吸收进来用作校正地形高低、道路弯曲，以求得真实的远近数字。沈括又改进过去用"四至八到"定位的方法，在编写的地图说明书里，用新的二十四至来标示州县方向。根据这个方向，只要经过仔细考索，就可以将地点复原成图，和真实情况丝毫没有差异。用这个方法决定方位，它的精密程度，比较前人要胜过三倍。二十四至用十二支即甲、乙、丙、丁、庚、辛、壬、癸八干，乾、坤、艮、巽四卦作为指标。元朝航海罗盘针所用的二十四至，就是利用沈括这一重要方法创造出来的。

能够应用这样精密方法指示方位，当和利用指南针进行测量有关。沈括对指南针很有研究，家里又储藏多种指南针，他使用这种仪器来测定方位是可以基本推断的。此外，他又藏有一个弩形测量仪，用这个仪器测量山的度数，能计算出山的高度、广度和距离，这是绘制一幅精确地图所必须具备的东西。《守令图》虽然已经失传了，但是根据这些有利条件，和可以考知的内容看来，这套地图的绘制，较同时代的一般地图必定更为精确。

地图绘制完成后的元祐三年（1088）八月，宋哲宗为了奖励他这项劳绩，放宽了对沈括行动的限制，允许其在秀州城内自由走动，并赏赐他一百匹绢。或许是宋哲宗在看了这幅地图后，对沈括的学识有了一定程度的了解，进而对沈括的境况有了些许的怜悯，到元祐四年（1089）九月，宋哲宗颁布诏书，改任沈括为朝散郎、光禄少卿，并分司南京，许于外州军任便居住。朝散郎是从六品，这个职务属于寄禄官，由此沈括可以每月领取三十贯的俸禄，使得晚年的沈括有了些许生活保障。最关键的是"许于外州军任便居住"，沈括就此重获自由。他想起了自己当年在润州购买的一座田园，就迫不及待地想带着全家去那里居住。

在沈括移居润州那座田园之前还有一个小插曲。元祐四年（1089）九月，哲宗皇帝打算撤销沈括"安置"秀州的处罚，任用他为叙朝散郎、光禄少卿，并允许他离开秀州到其他州郡居住。但这一命令立即遭到旧党人物刘安世和梁焘等人的抵制。刘安世认为，沈括这个人生性奸邪，又贪图冒领荣宠，热衷朋党，从而才做到从官的高位。后来永乐之祸，更是辱国殃民。因此能够让他保全性命，已经是法外开恩了，怎可因为赦宥就让他重返仕途？为此，刘安世请求皇帝收回恩命，给沈括换一个地方继续"安置"。

后来，梁焘、刘安世又一起上奏，说沈括从官担任一方面统帅、鄜延路经略安抚使，不能为朝廷在对外疆场上分忧解难，却反而引起边事，希望侥幸成功，妄图获取皇帝的宠幸，保住他的禄位。到后来却使永乐城被攻陷，士兵百姓死了数万人，使得关陕一带疮痍遍地，到现在还没恢复。神宗皇帝虽然罢免了沈括统帅的职务，同时又赦免了他的死罪；而神宗自己却因忧伤过度离开人世。沈括这种人就算死一万次，都不足以赎其罪孽。梁焘等人认为沈括曾是变法的支持者，而视其为"新党"骨干，他们后来反对哲宗重新起用沈括，就是从"旧党"的立场出发，来对沈括加以攻击。刘安世则更是司马光最忠实的弟子，自然对沈括更是不肯放过。

当时有人提出应该解除对沈括的"安置"，因为朝廷颁布的赦令乃是国家大法，不可因此失信天下。但梁焘、刘世安认为，像沈括这样的人应该终身废弃，而不可援引一般的法律重新加以录用。神宗皇帝当初黜免沈括，天下都知道神宗皇帝是想以此告慰在永乐城下死难的臣民。现在收回成命，虽然失信，但只是失"小信"于沈括等少数人，却保全了神宗皇帝仁爱百姓的"大信"。两者的轻重是不能相提并论的。他们还说，如果重新起用沈括之流，就会振奋小人的求进之心，接着便会有更多的人要求复位进用。这既非朝廷之幸，也不是百姓之福。最后，年幼的哲宗皇帝只好收回成命，当时太皇太后高氏垂帘听政，高太后本身就反对王安石变法，自然也就"从善如流"了。

当然，梁焘、刘安世反对重新起用的不只是沈括一人。但与沈括一起被反对起用的其他几个人，有的是"欺君害民，诛求暴虐"，有的"苛刻聚敛，流毒一方"，都是残害百姓的贪官。沈括为官一生，没有贪暴的记录，竟与他们并列，也真是可叹可悲。但沈括的罪名说起来却大得更加吓人，因为他参加的一场永乐之战，又导致神宗皇帝郁悒而终，虽然他只是这场战争的替罪羊。众口铄金，积毁销骨，沈括就是在这样的北宋党争背景下失去了最后被起用的机会。

一年之后，即元祐五年（1090）十月，沈括被任命为左朝散郎、守光禄少卿、分司南京，允许他"任便居住"。这以后便开始了沈括的晚年隐居生活。沈括移居润州，来到自己以前购置的田园，经营为"梦溪园"，并最终终老于此。而他的晚年，却为我们留下了他一生当中最不朽的著作——《梦溪笔谈》。关于沈括晚年在润州梦溪园书写《梦溪笔谈》的情景，请看下一章。

第九章
终老润州

一、梦溪丈人归隐

宋哲宗元祐五年（1090）十月下旬，已经 60 岁的沈括率领一家到达润州（今江苏镇江）。他来到城东的朱方门外，来到他十年前买的一所园子，一座名叫梦溪园的园子。关于这座园子的命名，沈括为此专门纪文，说 30 多岁的时候，他曾经做了一个梦，梦见自己来到一个地方，登上一座小山，山上花木绽放，如织锦一样覆盖在地面上，在花团锦簇映照之下，山下有一水，非常的澄清爽目，水上面还有乔木掩映其中。在梦中，沈括非常喜欢这个地方，并说以后要到那里去居住。从此以后，这段梦中的美景时不时地就会在沈括梦中出现。每次梦中来到这个地方，他一点都不觉得陌生，就像到了平生经常来游玩的地方。十多年以后，沈括被贬到宣州做知州，有一个道士向他极力称赞润州京口的山川形胜，最终沈括花了 30 万钱在那里买下了这一处田园。之后，沈括因为公务繁忙，一直没有来到这座田园。直到元丰八年（1085），已经购买下这座田园 6 年之久的沈括，才在随州（今湖北随州市）经江州（今江西九江）前往秀州（今浙江嘉兴市）的途中，经过润州，想起自己早年间在这里购置的这座田园，更是发现这片属于自己产业的园子，居然和梦中常游的地方十分相像，沈括顿时觉得自己似乎一生的缘分大概就在这里了。于是，他放弃了在江州置办的房产，决定在润州这片田园里定居。经过一番紧锣密鼓的修建，这座凝结着沈括多年梦想的园子被他命名为梦溪园，他也给自己起了一个号，就是梦溪丈人。在沈括将耗费自己 12 年心血、苦心孤诣纂修而成的《天下州县图》进献给宋哲宗后，终于换来了小皇帝的特赦令，重获自由的沈括立即携全家老小来到了他向往已久的梦溪园。

这座梦溪园的故址在现在江苏镇江市的东郊，位于乌风岭以南、解放路以东和镇澄公路以北。在这所园子里，屹立着一座小山，山上历经近千年沧桑后，仍然铺满着像锦绣一样的花草，其名百草堆；山下淙淙泉水环绕在花园的一个角落，水色清澈见底，两岸的乔木欣欣向荣，这就是梦溪。沈括的居住之地，就是这花团锦簇当中西端花草竹子围绕的屋子，这座名为壳轩的地方，就是沈括日常休息的所在。壳轩之下还有花堆阁。花堆尽处有茅舍，叫岸老堂，堂后有一座苍峡亭。从花堆阁中俯瞰，只见一派绿油油的田野，登临苍峡亭往下望，更见一条潺潺流淌的梦溪。再看花堆的西头，丛丛簇簇地种满修长的幽竹，叫作竹坞。有墙围绕住的尖端地块，叫作杏咀。丛丛簇簇的幽竹深处，有与宾朋宴游所在的萧萧堂；幽竹丛南面的水滨，建有轩名叫深斋。还有一座高耸的凉亭，叫作远亭。

在这一派美景之下，晚年自号"梦溪丈人"的沈括住在这里，过的完全是与外界断绝交流的隐居生活，除了读书写作，他终日寄情于这优美的山水之间，或在泉上垂钓，或在湖中划船，或在竹林中静坐抚琴，过着山林隐逸的生活。此时的沈括心中仰慕的只有陶潜、白居易和李白这些让自己仰慕的古人，把琴、棋、禅、墨、丹、茶、吟、谈、酒，称为"九客"，这些都成为他的好友。他在润州住了4年时间，开始染病。一年后，人瘦得更厉害了，从外形看来，简直像枯柴似的。加上个人生活的不幸，这种境况即便是到了绍圣初年（1094）复官、领宫祠也没有发生任何改变。在悍妻去世之后，沈括的身体越来越坏，甚至于有一天乘船过江，差一点失足跌落水中，幸亏左右的人将他扶住，才没有遭到危险。不久，因老病交加，绍圣二年（1095），沈括在润州黯然逝世，享年 65 岁。沈括去世之后，他的亲属将他安葬在故乡杭州钱塘县的安溪太平山，也算魂归故里。

沈括一生博览古今，勤奋好学，可谓"于书无所不通"，亦可谓著述宏富。由于年代变迁，沈括的大部分著作都已经散佚了，令人想来颇有遗憾。根据记载宋代著作的《宋史·艺文志》统计，其中收录的沈括著作有 22 种。而根据胡道静先生依据《梦溪笔谈》所记以及各家书目中的收录，进行的整理和拾遗补缺，一共得到沈括的著述统计达到了 40 种。最主要的有：《乐论》《乐器图》《乐律》《南郊式》《阁门仪制》《诸敕令》《诸敕令格式》《熙宁详定诸色人厨料式》《熙宁新修凡女道士给赐式》《熙宁使虏图抄》《乙卯入国奏请并别录》《怀山录》《天下州县图》《孟子解》《熙宁奉元历》《修城法式条约》《熙宁晷漏》《图画歌》《茶论》《良方》《长兴集》《梦溪笔谈》《续笔谈》《梦溪忘怀录》等。

二、撰成《梦溪笔谈》

在梦溪园居住的日子里，沈括开始静心整理自己的著作。他将平日的见闻谈论编写成数十篇文字，汇集成为一本综合性著作，名曰《梦溪笔谈》。

他在自序中写道：予退处林下，深居绝过从，思平日与客言者，时纪一事于笔，则若有所晤言，萧然移日。所与谈者，唯笔砚而已，谓之《笔谈》。

由此看来，这书是沈括晚年陆续写成的。名称虽叫"笔谈"，其实是一本内容丰富的学术著作，里面包括了他毕生科学研究的结晶，还有当时的诗文掌故，以至街谈巷语、杂说奇闻，无不兼收并蓄。

关于《梦溪笔谈》的成书时间，对沈括推崇备至的英国著名中国科学技术史专家李约瑟博士认为，该书成书于元祐元年（1086）。另外一位研究沈括和《梦溪笔谈》的专家胡道静先生则认为该书撰述于宋哲宗元祐年间（1086—1093），而且大部分是写于沈括定居润州梦溪园以后。李裕民先生在上述两位的基础上做了进一步考证，他认为《梦溪笔谈》最早于元丰六年（1083）就开始撰写了，到元祐元年至二年期间（1086—1087），沈括迁居润州以前就已经基本完成了篇幅达到 26 卷的书稿写作，到了润州梦溪园之后，沈括对已经成稿的著作进行增删润饰，最终成就 30 卷规模。大约在元祐七年到八年期间（1092—1093）沈括又继续作了《补笔谈》，作为 30 卷的补遗，之后又有《续笔谈》，也就是说沈括从兵败永乐城之后被罢官、软禁在秀州开始，就全身心地投入到《梦溪笔谈》的撰写之中。在他举家前往润州的过程中，《梦溪笔谈》的大致规模已经基本完成。

　　沈括生平著作宏富，其中的《梦溪笔谈》最为后世所珍视。《梦溪笔谈》现存各种版本为 26 卷，均从南宋孝宗乾道二年（1166）扬州州学刻本来。沈括《梦溪笔谈》版行以后，续有笔记，后人据其稿，编成《补笔谈》三卷和《续笔谈》一卷。三部加起来一共有 30 卷。《梦溪笔谈》分了 17 个类别，这种分类是否出于原书，已不可知晓，很有可能是后人根据阅读便利，代为编辑而成。《补笔谈》和《续笔谈》的编写，当在该书完成以后，或是该书刊刻以后才加上去的，这在现存的书目著录和序跋中可以发现。

　　《梦溪笔谈》流传得最为广泛，而且被后来学者普遍征引。从能看到的历代书目著录和序跋来看，历史上《梦溪笔谈》主要有两大版本系统：一是只有《笔谈》的 26 卷本；二是 26 卷《笔谈》之外，另附《补笔谈》和《续笔谈》的版本系统。另外，还有 20 卷本《笔谈》、25 卷本《笔谈》，以及 30 卷《笔谈》附《补笔谈》和《续笔谈》等多个版本。这也是《梦溪笔谈》这部不朽著作广泛流传的结果。

　　盘点各种《梦溪笔谈》的版本，有迹可循的最早的宋本是宋扬州公使库刻本和南宋孝宗乾道二年（1166）扬州州学刊本。宋扬州公使库刻本现已失传，具体情况也不是特别明确，仅能从乾道二年（1166）扬州州学刊本汤修年的跋知道此本的存在。汤修年的题跋说："此书公库旧有之，往往贸易以充郡帑，不及学校，今兹及是，益见薄于己而后于世，贤前任远矣。"

宋代有很多文献是公使库通过刻卖图书来加以刊刻的，这实际上对增加地方财政收入是很正常的现象。同时，汤修年又说自己"年代匮洋宫，备校书之职，谨识其本末，凡证辨伪舛凡五十余字，疑者无他本，不敢以意骤易，姑存其旧，以俟好古博雅君子"，其中这里所说的"存其旧"，反映出之前提到的"公库旧有"之本的《笔谈》很早就有刻本行世了。另外，《郡斋读书志·小说类》著录"笔谈二十六卷"，而且《郡斋读书志》成书于宋高宗的绍兴年间（1131—1162），比乾道二年扬州州学刻本时间略早。由此可推测，晁公武所见《笔谈》极有可能是比扬州公库本更早的刻本。

宋乾道二年（1166）扬州州学刊本是我们判断《笔谈》早期版本和刊刻情况的重要依据，因为它是日后众多版本的祖本，王澄《扬州刻书考》中提到扬州州学刊本《梦溪笔谈》"半页十二行，行十八字，白口，左右双边"，这为我们对这个刊本有了直观的印象。但在其中又称"扬州刻本为此书最早刻本"，根据上文我们知道在此之前就已经有了扬州公使库刻本甚至更早的本子传世。关于该本的卷数，《直斋书录解题》著录为 26 卷，《郡斋读书志》也著录为 26 卷，并表明《笔谈》的内容"凡十七目"，这与今天通行的版本分十七门是一致的。值得一提的是，上述两部书目均未提到有《补笔谈》或《续笔谈》的内容，同时汤修年的跋中也并没有说明有并卷的情况。因此早期刻印的《笔谈》很可能只有 26 卷。可惜这个本子也已经亡佚。

现存最早的《笔谈》刻本，是元大德九年（1305）陈仁子东山书院刻本，现藏于国家图书馆。这个本子十行十七字，单边白口，刻画极精，是元代版本中最善本子之一。书前有沈括自序，后有陈氏序，结衔"大德乙巳春茶陵古迁陈仁子刊于东山书院并序"，之后有乾道二年六月日左迪功郎充扬州州学教授汤修年跋，再之后是目录，目录后有双行牌记云"茶陵东山书院刊行"八字。该本曾藏于元代宫中，明代又收藏在文渊阁中，有明"东宫书府"九叠文大印及"文渊阁印"；清代为松江韩氏所藏，后被藏书家陈澄中收入囊中。该本在卷数上与宋乾道本保持一致，如陈序云："吴兴沈存中博览古今……著《笔谈》计二十六卷。"可以说元大德本基本上是按照乾道二年的本子重刻的。大德刻本是为善本，其流传清晰，版本有序，历经各朝代，数易藏主。一直到 1965 年，在周恩来总理主持下，于香港购回。

此外还有几种明刻本：明弘治八年（1495）徐瑸刻本、万历三十年（1602）沈敬炌刻本、明毛晋《津逮秘书》本，以及民国五年（1916）贵池刘世珩玉海堂覆刻本、涵芬楼影印明覆宋本，都可以追溯到宋乾道二年扬州州学刻本。

而另一版本体系，是26卷《笔谈》附《补笔谈》《续笔谈》本。《补笔谈》和《续笔谈》是在《笔谈》刊印后陆续出现的。最早著录《补笔谈》和《续笔谈》的书目分别是《文渊阁书目》和《遂初堂书目》。前者作"补笔谈"，有补无续；后者作"沈氏续笔谈"，有续无补。其后也有单独刊行《补笔谈》的，如明陈继儒所辑《宝颜堂秘笈》，分"正集、续集、广集、普集、汇集"五大部分，其中"汇集"收录"梦溪《补笔谈》二卷"，并无《笔谈》；明末钟人杰和张遂辰所辑《唐宋丛书》所属的"子余"十九种，也只单收《补笔谈》。由此可见，明代刻书者开始将《笔谈》《补笔谈》《续笔谈》等三个本子刊刻在一起，逐渐形成了现今通行的《梦溪笔谈》的版本形式。

这种版本体系包括的重要版本有：明万历商濬《稗海》本、明崇祯四年（1631）嘉定马元调刻本、清嘉庆十年（1805）张海鹏《学津讨原》本、清光绪二十八年（1902）大关唐氏刻本、清光绪三十二年（1906）番禺陶氏爱庐刻本和民国十七年（1928）渭南严氏刊本等。由于《稗海》本出自明弘治徐珤本，而徐珤本就出自乾道本。

此外，傅增湘《藏园群书经眼录》著录有"梦溪笔谈三十卷补笔谈三卷续笔谈附"，是一个旧写本。此外，在 30 卷本与 26 卷本《笔谈》之间，还短暂出现过过渡性质的 20 卷本和 25 卷本《笔谈》。

综合上述版本，可以将《梦溪笔谈》的版本按照年代制作成下图：

《梦溪笔谈》各版本系统的编年图

《梦溪笔谈》的刻本主要有两大系统：一是以乾道本为祖本的 26 卷《笔谈》的版本系统；二是以马元调本为首，以 26 卷《笔谈》附《补笔谈》和《续笔谈》的版本系统。此外，还有一个以 30 卷《笔谈》附《补笔谈》《续笔谈》的写本，流传至清末民初。宋元之际，《笔谈》还出现过 20 卷、25 卷等形式。在现存的历代刻本中，以元代东山书院本为最早，尤为珍贵，被后人称为善本。但汤修年跋中已经说明，《笔谈》从刊行之日起，就有许多舛误之处。二十六卷《笔谈》虽然刊行较早，样貌最古，但后续出现有《补笔谈》和《续笔谈》的本子内容更充实，且有多家校注。

各版本的渊源我们也可以做成以下这张图：

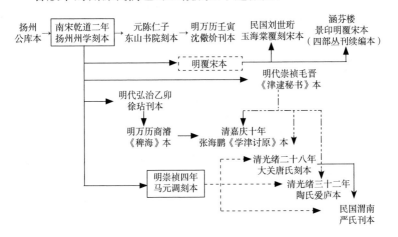

《梦溪笔谈》各版本的渊源

胡道静先生所著《梦溪笔谈校证》对《梦溪笔谈》的内容做了全面考证，后附有沈括事迹年表、著述考略、各版本《梦溪笔谈》叙录等内容，是全面研究沈括及《梦溪笔谈》的重要参考资料。

《梦溪笔谈》具有世界性影响。日本早在 19 世纪中期排印了这部名著，20 世纪，法、德、英、美、意等国家都有学者、汉学家对《梦溪笔谈》进行系统而又深入的研究，而在这之前，早有英语、法语、意大利语、德语等各种语言的翻译本。

英国科学家李约瑟在他所著的《中国科学技术史》中，认为沈括是个博洽多闻的学者，毕生的阅历也很丰富。在这本著作中，无论是自然科学和人文科学，都有大量篇幅分门别类地广为论述。内容涵盖天文、气象、历法、数学、地质、地理、物理、生物、化学、医药、文学、史学、音乐、艺术等学科，可以说应有尽有。李约瑟博士用了许多篇幅对《梦溪笔谈》做了详细介绍。他说：

在另一类文学作品杂录和杂记（包括笔记或笔谈）中，可以看到许多科学观察记录。《梦溪笔谈》一书是其中典型的一种。它的作者沈括，也许是中国科学史上最奇特的人物……《梦溪笔谈》成书于1086年，它是最早记述磁针的书籍之一……而且又载有许多天文和数学原理，以及化石的观察、立体地理模型制造及其他制图事宜、冶金程序的描述，和占大比例的生物学观察。全书有关科学部分，占去内容一大半。

接着，李约瑟又进一步指出，如果从广义的科学说，所谓占内容的大半，实际上已经近乎五分之三。他将本书的内容，根据现代科学分科，列成三大类25个项目共计584条，分析如下：

在总类人事材料中，沈括分别记述了官员生活和朝廷相关的有 60 条，学士院和考试事宜的有 10 条，文学和艺术的有 70 条，法律方面的有 11 条，军事方面的有 25 条，杂闻和轶事有 72 条，占卜、玄学和民间传说有 22 条，总共有 270 条；记述自然科学方面，《易经》、阴阳和五行有 7 条，数学 11 条，天文和历法 19 条，气象学 18 条，地质学和矿物学 17 条，地理学和制图学 15 条，物理学 6 条，化学 3 条，工程学、冶金学和工艺学 18 条，灌溉和水利工程 6 条，建筑学 6 条，生物科学、植物学和动物学 52 条，农艺 6 条，医学和药物学 23 条，总共 207 条；人文科学类中人类学 6 条，考古学 21 条，语言学 36 条，音乐 44 条。

李约瑟的统计所根据的本子，经查明核实是清泠痴簃本，总数为 584 条，和现在经胡道静先生校正过的《梦溪笔谈》较完全的本子的 609 条相比较，颇有出入，而胡先生的这一校定已经被学界广泛接受。尽管这样，从这个表中仍可看到《梦溪笔谈》的内容概略。何况，李约瑟列入人事材料一类的，大部分又可作为历史或史料阅读。这样，它的学术价值更加明显了。

胡道静先生在《梦溪笔谈校正》中引用了李约瑟博士的统计，经过他根据光绪三十二年（1906）陶氏爱庐刊本的《梦溪笔谈》校定的 609 条，在李约瑟博士的基础上做了更细致的分析与归类，他的统计将《梦溪笔谈》内容只分为人文科学和自然科学两大类，但项目却扩充为 28 项。大体分为自然科学和人文科学两大类，而具体自然科学包括数学 4 条，天文历法 22 条，气象 12 条，地质 11 条，地理 16 条，物理 5 条，化学 3 条，建筑 8 条，水利 9 条，生物 32 条，农学 8 条，医药 43 条，工程技术 16 条，总共 189 条；人文科学包括经学 16 条，文学 34 条，艺术 25 条，法律 10 条，宗教、卜筮 28 条，风俗 4 条，经济 21 条，史学、考古 28 条，语言文字学 19 条，音乐 44 条，舆服 12 条，典籍 17 条，博戏 4 条，杂闻、轶事 92 条，其他类 66 条，总共 420 条。

王锦光、闻人军在《沈括的科学成就与贡献》中则单纯以《梦溪笔谈》的科技类条目进行了统计。根据他们的统计，书中有关科学的内容大概能占到全书总篇幅的五分之三。他们将内容分成几个小类，逐一统计，其中自然观的阴阳五行 13 条；数学中的数学 9 条，度量衡 3 条；物理学中的具体物理学 19 条，涉及乐律的 21 条；化学 9 条；天文学和历法 26 条；地学中的气象学 10 条，地理学 20 条，地质学 3 条；生物学 71 条，医学 17 条；工程技术中的工艺技术和冶金 13 条，建筑学 10 条，农田水利工程 7 条。

在人文科学方面，沈括在《梦溪笔谈》中的研究范围包括经学、文学、艺术、法律、军事、宗教、卜筮、风俗、经济、史学、考古、语言文字学、音乐、舆服、典籍、博戏等方面；在自然科学方面，则包括了数学、天文历法、气象、地质、地理、物理、化学、建筑、水利、生物、农学、医药、工程技术等。

可见，《梦溪笔谈》是沈括综合一生在从事自然科学和人文科学研究方面的成就汇总，该书是对政治、人事、自然、技巧、工艺等方面进行探讨的智慧结晶。书中所涉及的学科领域可谓十分广泛，包罗万象。沈括在撰写《梦溪笔谈》时，按照内容将全数分为故事、辩证、乐律、象数、人事、官政、权智、艺文、书画、技艺、器用、神奇、异事、谬误、讥谑、杂志、药议等17个门类，充分反映了沈括上通天文、下晓地理的广博学识。这部书不但是中国科学技术史的宝贵财富，更在世界科学技术史上占有一席之地。尽管在一些方面，沈括的记载难免有这样的疏误和缺漏之处，但其极高的学术价值反映了当时中国乃至世界范围内最高的科学技术水平和成就，这一点是毫无疑义的。下面几章将从专题的角度来阐述沈括的科学创见与思想。

第十章
乐画高手

一、音乐精研究

音乐在中国古代王权社会中，成为维护既有王朝体制之下的一种教化工具。沈括是一个多才多艺的人，对音乐也颇有研究，他也更加注重音乐的社会功用。这早在他刚刚进入仕途时就已表现了出来。

沈括所撰写的《乐论》，正是他在乐律方面的研究成果。他著述乐书的目的，主要是把音乐视为关系国家兴亡的教化工具来研究的。沈括毛遂自荐地将他的这部著作寄给了翰林蔡学士，以供学士院在详细定乐律时加以参考，又寄给了张学士和孙侍讲，希望能够在他们门下求教，讨论乐律。可惜这部沈括的早期著作已经亡佚了。

沈括十分注重音乐的社会作用。他已经注意到音乐与政治的关系。在给欧阳修的书信中，他说："礼乐在天下，为用最大。"在给蔡襄的书信中，又借圣人之口说："礼乐云者，其关天下盛衰如此。"他认为音乐的风格与审美倾向，往往能够反映一个时代政治是清明还是浑浊。古代音乐与诗歌是合而为一的，诗歌安逸平和，曲声也安逸平和。诗歌有幽怨不平之意，曲声也如此。因此只要听听音乐，便能听出一个时代的政治状况。

沈括的历史观是崇古的，是理想主义的，他非常向往古代的礼乐文明。他将先秦时期周朝的兴盛，同《清庙》《大明》之音，《武象》《南龠》之乐，《鱼丽》《鹿鸣》《关雎》《狸首》之声结合起来，认为由此"天下风教习俗皆宽舒广裕，蔚然号为至平极治之时"。但到周朝灭亡，乐师散入民间。后世虽有一些君主期望达到周代的大治境界，也有名臣如汉之董仲舒、贾谊，唐之房玄龄、杜如晦，但在礼乐教化上，比之古人，只能自愧不如。到宋朝，建国百年，治理天下虽有一些成效，但终不能达到古代先王的那种仁声德泽、洋洋高致的地步。沈括认为，举天下之政应从大者着手。而"政之大者"，一言以蔽之，就是礼乐。因此，沈括建议欧阳修应把礼乐当作施政的头等大事。这里的论述寄寓了沈括自己的政治理想和礼乐观点，对音乐则崇古薄今，希望用古代圣人的乐章来改造现实社会的理想。

在沈括的实际工作中，他非常重视音乐的现实作用。如他任鄜延路经略安抚使、知延州事时，曾指挥宋朝军队对西夏的战争。他见士兵得胜回来，高唱的凯歌是古人遗留下来的音乐，但歌词过于粗俗，于是亲自创作了几十首歌曲，让士兵歌唱。其中两首歌词是这样的：

先取山西十二州，别分子将打衔头。

回看秦塞低如马，渐见黄河直北流。

天威卷地过黄河，万里羌人尽汉歌。

莫堰横山倒流水，从教西去作恩波。

歌词豪迈雄壮，正体现了沈括对音乐的社会作用的重视。

沈括不仅重视音乐的社会作用，也重视表演者和听众的内心感受。在论述这个问题时，他仍借助先王之乐进行阐述。他说，《尚书·虞书》中有一句话："戛击鸣球，搏拊琴瑟以咏。"什么意思呢？"戛击"是指敲打敔、柷这两种乐器。"鸣球"是指一种圆形的磬。"鸣球"本来是不应该"戛击"的，但当演奏的音乐达到一种非常和谐的境界时，光靠歌唱已不足以表达内心感动，就忍不住要"戛击鸣球"。同样道理，琴瑟本来是用来弹奏的，但当音乐达到一种非常和谐的境界时，光靠歌唱已不足以表达内心感动，人们就敲打琴瑟，以宣泄内心的激动，甚至手舞足蹈。由此可见，音乐的和谐是发自内心的。后世的一些"音乐人"，不应只将工作重心放到节奏、音律这些表面功夫上，而应该在创作的音乐中寄寓着思想感情。音乐之所以感人，并不是光靠演奏的技巧，而"和"才应是音乐家共同追求的美学境界。在这里，沈括并没有空洞地讲政治的安定、心境的平和，更多地强调了音乐和内心的一致。

在歌曲的创作中，沈括同样强调音乐应该真实表达人们内心的感受。他说，古代的诗歌都是用来吟咏的，然后依韵谱成曲子，叫作"协律"。诗歌和音乐是密不可分的。任何一首诗，都有它相应的"和声"，称为"曲"。古乐府有歌词，也有和声，两者缺一不可，书写时也要一起写出来，才算完整。唐人开始用词填曲，不再使用"和声"，使歌词与乐曲渐渐相脱离。到这时，仅有民间的一些歌曲，如《阳前》《捣练》等还保持着旧时的传统。然而，唐人以词填曲，歌词悲则乐曲悲，歌词喜则乐曲喜，两者还保持着内涵的统一。而到现在，人们再也不懂得其中的区别了，哀怨的曲调，却用来填写快乐的歌词；快乐的曲调，却用来填写哀怨的歌词。因此，虽然歌词写得很深刻，却不能使人感动，实在是由于乐声与词意不一致的缘故。

除此之外，沈括对唱歌艺术也有一定的研究。他认为唱歌应该做到"声中无字，字中有声"八字。曲只不过是一系列清浊高下各不相同的声音。至于字，因发音部位的不同，有喉音、唇音、齿音、舌音等。唱歌时，应使每个字都圆润清晰，融入声中；转腔换字，中间圆融自然，不夹杂音，这就叫"声中无字"。这种情况，古人称作"如贯珠"，后来人称作"善过渡"。打个比方说，一个字是宫声的，而歌曲的曲调是商声的，这时歌手就应该用商声来演唱宫声的字，这就叫作"字中有声"。善于唱歌的人把它叫作"内里声"。那些不善唱歌的人，唱出来的歌没有抑扬顿挫的感觉，人们称之为"念曲"；有些人声音中没有感情，唱歌味同嚼蜡，人们称之为"叫曲"。

沈括所说的"声中无字，字中有声"，实际上是今天歌唱方法中的融字法和发声法。"声中无字"是对全局而言，在发声过程中，要使歌声连贯持续，婉转灵活，像一条线，不要因为吐字而造成块垒，使人感到疙疙瘩瘩不流畅。歌唱时，要把字像珠子一样穿在一条线上，与声音结合在喉中，不论是唇、舌、齿、牙、喉各部位的音，动作之后必须返回到喉口（内口）与声音结合，才能做到"声中无字"。从某种意义上说，不是声中无字，而是听不到声外之字，所有的字都融于声音之中。"字中有声"是说局部的，要求每个清晰而富于韵味的字，都有饱满而悦耳的声音支持着。伴随着美妙声音的字才是歌唱的语言所需要的。它和生活语言不同，这种艺术语言须在一定高度的旋律上说清楚才行，这就要求说字唱声高度融会，否则不是念就是喊。

实际上，在上面这段文字中，除了强调"声中无字，字中有声"之外，沈括还特别指出"含韫"的重要。也就是说，歌中如无"含韫"，干巴巴的，只能称为"叫曲"，而不能算是唱歌。他非常欣赏义海杜门不出，苦练琴艺的执着，更佩服义海演奏中那一份"意韵"。在音乐表演上，沈括把技巧与感情看得一样重要。

沈括非常重视乐工与民间艺人的创作活动。他在《上欧阳参政书》中有这么一段话：

> 然观古者至治之时，法度文章大备极盛，后世无不取法。至于技巧器械、大小尺寸、黑黄苍赤，岂能尽出于圣人，百工有司市井田墅（野）之人莫不预焉。其卒使于下之材不遗而至于大备极盛，后世无不取法，在所用之何如耳。

他说，自古以来，那些俗文化在刚诞生时总是被统治者当作异端加以排斥的，后来又被迫接纳，最后将其升格为雅文化；接着又有一种俗文化诞生，被排斥，又被接纳。中国的文化史上一直演绎着这样一种循环。所谓先王的宫廷雅乐，究其最初的源头，也来自于民间。但在后世，这些乐曲被认为是圣人所制，一旦尊为典章，身价骤涨，反与民间脱离了联系。这里沈括充分肯定"百工有司市井田野之人"的音乐创作，在当时实属难能可贵。

当然，沈括毕竟是古代的一个士大夫，他对民间音乐的推崇也是非常有限度的。他在晚年写作《梦溪笔谈》时也曾斥责郑卫之声和世俗音乐，认为只有琴声才是正声。这可能因为沈括写《上欧阳参政书》时，正值年轻而富有朝气，十分自信，而《梦溪笔谈》作于晚年，他的美学思想大概有所变化了。

沈括是一个富有艺术天赋的人，在音乐方面有深湛的研究。他的《乐论》《乐器图》《三乐谱》《乐律》等著作，都见于《宋史·艺文志》，但后来都失传了。

在《梦溪笔谈》中，沈括音乐方面的贡献得到了更加淋漓尽致的体现。《梦溪笔谈》中后两卷涉及了"乐律"，而在《补笔谈》中也有"乐律"的条目记载，一共加起来有51条。这些关于音乐的条目和笔记记载，也成为我们研究宋代和中国古代音乐理论和认识音乐发展史珍贵的一手资料。

概括来说,《梦溪笔谈》所体现的沈括音乐方面的贡献,主要在以下几个方面:一是对中国古代音乐的研究;二是记述了沈括对唐宋燕乐的研究心得,如燕乐起源、燕乐二十八调、唐宋大曲的结构和演奏形式、唐宋字谱等;三是记述、考证了部分乐器的形制、用材、流布与演变等。

下面分三个方面简单介绍沈括这三方面的贡献。

(一)现存《梦溪笔谈》一书中的"乐律"两卷,至今仍然是我国音乐方面的重要文献,对研究古代音乐很有价值。

沈括对中国古代音乐的发展做了权威的认定和界定。他认为,中国古代到宋代以前音乐发展有三个阶段性意义的高峰,分别是雅乐、清乐和燕乐。沈括认为夏、商、周三代的音乐,尤其是经过周公的改造,后世将西周的宫廷音乐视为"雅乐",这种雅乐吸收了夏、商、周三代的乐舞,及民间的一些音乐元素,使得乐舞所反映的社会内容更加丰富和具体。到了汉代,清乐随之兴盛,但出现了民间和上层社会的分离。上层社会仍然继续使用宫廷正乐,这种分离局面经过魏晋时期沿用之后,一直断断续续地发展到了隋唐时期。雅乐作为上层社会欣赏的音乐形式,到隋代时期已经失去了古代的意味。

沈括认为古代音乐的第二个高峰是"清乐"。它是汉族的民间音乐,以北方相和歌为代表,与南方民歌的"吴声""西曲"

相结合而形成。相和歌与吴声、西曲相结合就是清乐的清商三调，这就是被隋、唐、宋所继承的清乐，清乐在南北朝时期十分流行，它的出现就成为雅乐之后古代的第二个音乐高峰。

沈括对古代第三大音乐高峰——燕乐的研究最多、最深入，贡献也最大。尤其对唐宋燕乐的研究颇有心得，诸如燕乐的起源、燕乐二十八调、唐宋大曲的结构和演奏形式、唐宋字谱等，他都有所涉猎。在《补笔谈》中，沈括详细记录了北宋燕乐的二十八调。在他所列的二十八调中，是由七宫和四调组成，沈括记述的变宫为角，是我国民族音乐至今常用的传统手法之一。而他又是唯一正确记载北宋燕乐二十八调的人，他的这些精确记载，成为中外音乐史研究学者们研究唐代燕乐二十八调关系的重要依据。沈括用文字描述的燕乐半字谱已经属于工尺谱体系，这是对工尺谱的最早记载。

（二）燕乐在唐宋音乐中占有重要地位。关于燕乐起源和它的宫调种类，沈括都很有研究。他所列的燕乐二十八调，是研究这个问题的重要资料。今人曾将它和《唐书·礼乐志》《宋史·乐志》所载的蔡元定《燕乐》乐制、张炎《词源》所列八十四调做了一番比较，依照《词源》次序配列，看到沈括的二十八调次序，只有宫调七种与《唐书》《宋史》《词源》相同，因此如果照字谱次序排列，那么沈括和张炎这两个人对二十八调次序的排列又完全一致。

这样的研究，可以追寻两宋之间乐调演变的轨迹。这里所说的字谱，就是工尺谱。我国书籍谈到工尺谱的，就目前所见到的，以沈括的《梦溪笔谈》的记载为最早。《笔谈》有一段说：现在的燕乐只有十五声，因为今乐高于古乐二律以下，所以没有正黄钟声，只是以"合"字当大吕，还稍高了一些，应当在大吕、太蔟之间就对了。下"四"字近太蔟，高"四"字近夹钟，下"一"字近姑洗，高"一"字近中吕，"上"字近蕤宾，"勾"字近林钟，"尺"字近夷则，"工"字近南吕，高"工"字近无射，"六"字近应钟，下"凡"字是黄钟清，高"凡"字是大吕清，下"五"字是太蔟清，高"五"字是夹钟清。

这里沈括将"勾上尺工凡"等字谱，和各字相当的律配列，成为宋代其他学者，如北宋蔡元定，南宋姜夔、张炎记载字谱的先驱。《笔谈》又提到"知声者皆能言之"的话，似乎字谱当时早已流行，所以沈括就把它简单地记下来。

关于各调的结声（乐谱中尾章所用的音）问题，沈括也留下有价值的记载，即《笔谈》所说的"杀声"。他说杀声有元杀、偏杀、侧杀、寄杀等类。为什么会有这些差别呢？这是因为一般的法则，结声是应当归回本律的，但事实却不尽然，往往又出现许多例外，因此构成了几种不同类型的元杀可能是指宫调结声，采用本均（韵）宫音的律，在各种结声中居于主要地位。其余三种，或者不用本调基音的律结声，而用本均宫音的律，即所谓偏杀、侧杀；或者不用本调基音的律结声，而用本均徵音的律，事实上等于将"他均宫音之律"寄在本均，所以称它为寄杀。

宋代的大曲，较之唐代呈显著进步，沈括对它也有所论述。他有一段著名的论述，是研究宋代大曲的重要文献，讨论大曲的人必定征引它：

所谓大遍者，有序、引、歌、𪃿、㗫、哨、催、攧、衮、破、行、中腔、踏歌之类，凡数十解，每解有数叠者。裁截用之，则谓之摘遍。

到了近代，虽有学者因沈括所列各遍名称与现存大曲不合，怀疑其中或有错误，但是它至少说明两个问题：一是北宋所谓大曲，也和以前一样，是遍数多的一种名称；二是宋人采用这种曲，往往将它裁截而不是同时采用各遍。正因这一缘故，宋时歌唱大曲，常常不是它的原来面目。例如《柘枝》本是唐代大曲，流传至宋真宗时代，歌唱时还有数十遍，到沈括任鄜延经略安抚使时期，已经剩下十分之二三了。

沈括谈到燕乐的其他问题还有很多，比如有关宋太宗时期被誉为"鼓琴为天下第一"的琴待诏朱文济的纪事，追记唐代《羯鼓曲》流传的《大合蝉》《滴滴泉》的遗音，都是我国音乐史上的珍贵资料。他在鄜延时,曾亲自谱制《凯歌》几十曲,教会士兵们歌唱,用来鼓励士气,也算沈括学以致用。读了《笔谈》中的乐律部分,的确看到了唐、宋时期的乐制。

现代音乐史研究家许建平先生对沈括有很高的评价,曾经这样说:

纵观我国古代音乐史(就现今所存史料而言),在沈括之前,尚无人如此深入、细致、内行地总结、记录下这样珍贵的音乐史料。他是第一个记载纯音乐史料,并流传下来,为今人所理解的人。他使后人对古代音乐的研究能深入到较广泛的音乐领域中去。北宋之前,曾盛极一时的"雅乐""清乐",隋唐的"燕乐",都无法达到对北宋"燕乐"这样的研究水平。因为上述这些基本史料(音阶、调、调式、节奏等)在古书中少得出奇。可见沈括的记载是多么珍贵。他确实是一位音乐上的行家。《笔谈》对我国古代音乐史有不朽的贡献。(许建平:《〈梦溪笔谈〉对我国古代音乐史的贡献》,收入《沈括研究》,浙江人民出版社1985年版。)

(三)《梦溪笔谈》中有不少篇幅是专门介绍各种古代乐器的。如其中一条讲到,开封府相国寺内有一幅壁画,据说是宋初著名画家高益的作品。画面上是几个乐工一起演奏音乐的场面,有一抱琵琶的乐工正拨动琵琶的下弦。人们指责高益画错了,说所有的管乐都发"四"声，但这个乐工却在拨下弦。但沈括觉得高益没有错。他说：其他管乐器是靠手指拨离孔发声的，而琵琶则是靠拨子拨过发声的。这个乐工拨动下弦，声音却发在上弦，因此高益不但没有画错，而且是一个精通音乐的画家。沈括在文中赞叹高益匠心高妙，却也反映出他本人对乐器的研究是多么深入。

笛在中国起源甚早，沈括对笛做过一番考证。他说，马融《长笛赋》中有一句话："裁以当挝便易持。"李善给他作注，说"挝"是马鞭，因此拿在手上很方便。沈括认为这个说法是错误的。挝是管的意思。古人称管乐器为挝。"裁以当挝"的意思是指其他乐器往往要很多管组合在一起才能演奏音乐，而笛子只有一根管子，却五音俱备，因而制造的工艺非常简单，也容易拿在手上。

沈括对古乐器的研究，一个重要方面就是利用考古学、文字学的知识来研究乐器。《梦溪笔谈》中记载了一件空心的甬钟。沈括说，现在太常礼院的钟镈，都把纽置于甬的根部，称为"旋虫"，挂在甬的一侧。皇祐年间（1049—1054），大概是沈括在杭州为父亲守丧的时候，杭州西湖边出土了一口古钟，又扁又短，钟乳长近半寸，其形制跟《考工记·凫氏》中记载的差不多。甬内部是中空的。甬上半部略小，这就是所谓的"衡"。沈括怀疑，甬之所以中空，可能是因为钟绳要从中间穿下去的缘故。在衡、甬中间，用衡栝把它系住。这衡栝，沈括怀疑就是所谓的"旋虫"。沈括又从文字学上对甬进行分析，他说，"竹箭"的"箭"字，从竹，从甬。而箭就是筒，它也是中空的。由此看来，"甬"大概有中空的意思。而且，钟的上半部，也就是人们称之为"衡"的这个地方，又稍稍小于甬，因此在钟的里面，在衡、甬之间可放一根横栝，可用绳子把它系住，悬挂起来。假如衡、甬都是实心的，那么两者可以一样大小，没有必要把衡做得小一些。而且，沈括觉得，钟的上部称之为"衡"，可能就是由于绳子系在横栝中间，仿佛一杆秤，起到了平衡的作用。而且横栝中间系着一根绳子，它可自由旋转，而它的形状像一条虫，因此被人称为"旋虫"。这种甬钟，因为无柄，如何悬挂，历来没有定说。沈括从文字的角度对甬钟、衡的由来做了合情合理的解释，而且对悬挂方法做了探讨。

《梦谈笔谈》中还叙述了羯鼓的历史。沈括说，《羯鼓录》的序言中谈到羯鼓的声音紧促，又传得高远，与其他乐器的声音极不相同。唐玄宗曾与李龟年谈论羯鼓，说演奏羯鼓时敲坏的鼓杖就放了四柜，可见练习羯鼓要下很深的功夫。唐代的羯鼓曲，到宋代已渐渐失传。到沈括时，据说只有邻州一老人能够演奏，他演奏的曲子有《大合蝉》《滴滴泉》等名目。沈括曾任鄜延路经略安抚使，知延州事，邻州就在附近，因此有机会听到过他的演奏。后来有人把这事奏报朝廷，皇帝命他把这个人带到皇宫来，可惜再去找他，这老人已经死了，唐代流传下来的羯鼓曲便从此失传。

《梦溪笔谈》中还提到唐代的杖鼓，因为演奏时两头都要用杖敲击，被人称为"两杖鼓"。但到宋代，所谓的杖鼓已和唐代大不相同了。宋人演奏杖鼓时只在鼓的一头用手拍打。据说，唐玄宗和宋璟都善于演奏这种乐器。在唐代，杖鼓的曲子大多是独奏的，如《突厥盐》《郁可鹊盐》，但到宋代，杖鼓很少再作为独奏的乐器，只在平时用来打打拍子，而杖鼓的曲子也很快散失殆尽了。

唐宋时期是中国历史发生巨大转变的时代，沈括敏锐地感觉到这种变化，并把音乐史上的这些变化记录下来，成为我们今天了解唐宋时期音乐艺术的一扇窗子。

二、绘画现天赋

书画，即书法和绘画，沈括对书画艺术具有浓厚的兴趣。沈括的家里，收藏有不少古今书画家的作品，数目很多。在《梦溪笔谈》中把"书画"单列一门，共 11 篇文字，记录了沈括对一些书画作品的批评和鉴赏。沈括收藏丰富，对收藏品鉴也有丰富的经验，有很多精辟的见解，沈括在批评"耳鉴"之类流弊时，把艺术表现的核心问题——形与神的关系提了出来。有些论述对今天的艺术创作和对古代书画鉴赏还具有很重要的参考价值。他对绘画的理解和贡献主要有以下几点：

（一）对于美术史概括式的论述与评价

沈括对于美术史的概括主要体现在他写下的《图画歌》。这首诗对古今著名画家画法，比较全面地给予品评，是一篇画法的总评，也是我国绘画学的诗史。全诗如下：

画中最妙言山水，摩诘峰峦两面起。

李成笔夺造化功，荆浩开图论千里。

范宽石澜烟树深，枯木关同极难比。

江南董源僧巨然，淡墨轻岚为一体。

宋迪长于远与平，王端善作寒江行。

克明已往道宁逝，淳熙遂得新来名。

花竹翎毛不同等，独出徐熙入神境。

赵昌设色古无如，王友刘常亦堪并。

黄荃居寀及谭宏，鸥鹭春葩蜀中景。

艾宣孔雀世绝伦，羊仲甫鸡皆妙品。

惟有长沙易元吉，岂止獐鹿人不及？

雕鹰飞动羡张泾，番马胡壤屹然立。

濠梁崔白及崔悫，群虎屏风供御幄。

海州徐易鱼水科，鳞鬣如生颇难学。

金陵佛像王齐翰，顾德谦名皆雅玩。

老曹菩萨各精神，道子李刘俱伟观。

星辰独尚孙知微，卢氏楞伽亦为伴。

勾龙爽笔势飘飘，锦里三人共辉焕。

撵川女子分十眉，宫样西豜周昉肥。

尧民击壤鼓腹笑，滕王蛱蝶相交飞。

居宁草虫名浙右，孤松韦偃称世稀。

韩幹能为大宛马，包鼎虎有惊人威。

将军曹霸善图写，玉花骢马今传之。

驭人相扶似偶语，老杜咏入丹青诗。

少保薛稷偏工鹤，杂品皆奇惟石恪。

戴嵩韩混能画牛，小景惠崇烟漠漠。

唐僧传古精画龙，毫端想与精神通。

拿珠奋身奔海窟，鬣如飞火腾虚空。

忠恕楼台真有功，山头突出华清宫。

用及象坤能画鬼，角嘴铁面头蓬松。

侯翼曾为五侯图，海山聚出风云乌。

尔朱先生著儒服，吕翁碧眼长髭须。

恺之维摩失旧迹，但见累世令人摹。

探微真迹存一本，甘露板壁狻猊枯。

操蛇恶鬼衔火兽，凿名道子传姓吴。

僧繇殿龙点双目，即时便有雷霆驱。

仙翁葛老渡溪岭，潇洒数幅名移居。

辋川弄水并捕鱼，长汀乱苇寒疏疏。

予家所有将盈车，高下百品难俱书。

相传好古雅君子，睹诗观画言无虚。

　　沈括借用诗歌这种文学形式，对两晋、隋唐、五代到北宋的名画家 50 多人的事迹做了串联，并涉及山水画、人物画、虫鱼画、仙佛鬼神画、花鸟画、小景画、宫妆服饰画、殿阁楼台画等绘画体裁，对这些画家的绘画作品、绘画风格做了非常恰切和言简意赅的描述与点评，表达了自己的审美特色和美学思想。

　　隋唐时期由于国家受佛教、道教等宗教的影响较前代更深，其绘画中多数体裁是以道教和佛家的人物为主，开始多数以寺院当中的壁画为主要载体。晚唐时期和进入宋代以后，山水人物画开始并逐渐占据创作主流，寺院壁画开始衰落，素绢卷轴画册开始盛行，这在沈括的《图画歌》中有非常生动的描述。一句"画中最妙言山水"，提纲挈领式地揭示了在流派纷呈的诸画科中，山水画是最精彩和最具魅力的一个流派，沈括对五代到北宋以来的山水画家的画风进行了扼要的点评，一下子就把山水画推到了十分突出的地位。

在这首诗的最后几句可见沈括家中收藏的丰富。北宋末期的书画家米芾在自己的著作《画史》中提到，沈括是名副其实的书画收藏家，沈括所收藏的一些书画精品就包括王羲之的《笔精帖》、王献之的《日寒帖》、毕宏的《山水图》等。米芾作为亲历者，曾经亲自到沈括家去观赏这些藏品，并被沈括的藏品所深深折服。

（二）沈括的画论

沈括是少有的通才，他的画论集中体现在《梦溪笔谈》卷十七的一段集中论述中。

首先，沈括强调绘画不可脱离生活。《梦溪笔谈》中记载了欧阳修与一幅古画的故事。故事说到，欧阳修曾经得到一幅画着一丛牡丹的绘画，牡丹下面有一只猫。丞相吴育与欧阳修是姻亲，一见此画，便说画中画的是正午时分的牡丹。为什么呢？因为花朵涣散无力，绵绵下垂，而且颜色干燥，这是正午时候的花。猫眼眯成一条线，这也是正午时候的猫。因为早上的花常常带着露水，花朵敛而不放，花色润泽鲜艳。而猫眼早晚常常圆睁，到白天渐渐变得狭长，至正午时分就眯成一条线了。沈括十分佩服吴育的见解，觉得他真正探求到了古人绘画的本意。

《梦溪笔谈》中还记载王仲至最喜欢的王维的《黄梅出山图》，因为图中所绘黄梅弘忍、曹溪慧能两位禅宗的祖师爷，气韵神检，皆如其人。可见不但画物要符合实际，画人也同样要符合生活原型。

沈括同时认为，绘画不仅要符合生活中的实际形象，也应符合人们理想中的形象。他举画佛为例进行说明。人们画佛时非常注意表现佛光，这些佛光有的像扇子那样呈扁圆状，当佛侧身时，佛光也侧照。沈括认为这是非常错误的。因为佛光永远是圆的，不管从哪个角度去看都应该是圆的。还有的人画佛行走时的形象，佛光的末尾向后，称之为"顺光佛"。沈括认为这也是不对的，因为佛光是定力之光，就算有风，佛光也是岿然不动的，怎么能随风摇晃呢？世上本无所谓佛，也无所谓佛光。所谓佛光本不是生活中实有的形象，但由于佛光在人们的理想世界里或信仰中是存在的，画家在画这些物体时同样应该注意理想世界里事物的"真实性"。

其次，沈括的另一个重要见解就是对立意的追求。沈括认为"书画之妙，当以神会，难可以形器求也"。也就是说，书画中的妙处，应深刻领会，而不能从具体的形象去寻求画家的立意。沈括发现一些观画之人，往往能指摘画中的形象、位置、色彩的毛病，却不能领会画家寄寓其中的深刻含义。比如唐代张彦远在他的《画评》中说王维作画，往往不管四季的变化，如他画花，常常把桃花、杏花、芙蓉、莲花这些不同季节开放的花画在同一幅画中。沈括家中藏着王维的一幅《袁安卧雪图》，雪中画着芭蕉。雪中本来不应该有芭蕉，但王维画来却"得心应手，意到便成，故其理入神"。沈括十分欣赏王维这种超越时空界限，表达个人审美情趣的带有一点浪漫主义的画法。

沈括还借用谢赫的一句话和欧阳修的一首诗来阐明他的观点。谢赫说："卫协之画，虽不该备形妙，而有气韵，凌跨群雄，旷代绝笔。"欧阳修有《盘车图》诗：古画画意不画形，梅诗咏物无隐情。忘形得意知者寡，不若见诗如见画。

谢赫是南齐人，他评晋人卫协的作品，说他的画虽不具备形象之美，但富有气韵，因此成为旷代绝笔。欧阳修诗中的"画意""画形"是中国古代传统绘画的两种手法，所谓"画形"，是指写实；所谓"画意"，是指绘画不纯粹追求形似，而是通过画面来寄托作者的感情、志趣、理想。

中国的传统绘画，自顾恺之提出"传神论"以后，几乎成为历代美术家崇奉的一个最高美学准则。唐人张彦远在他的《历代名画记》中，进一步发挥了东晋顾恺之的观点，强调以"气韵""神韵"作为绘画表现的目的。宋代是中国绘画变革和发展的一个年代。当时的人物画在形式和技法上，改变了两汉魏晋以来粗率简约的做法，而日益追求圆润成熟。同前代相比，宋代的山水画和花鸟画是这个时代绘画中最显著的特征。这样的绘画，在形式上，文人画与院体画分道扬镳；在技法上，传统的写实技法臻于成熟。这是中唐以来在意识形态领域，受佛老哲学的影响和理学初萌并逐渐发展的直接反映。在文艺理论上，从事绘画的士大夫们也越来越多地表现出对精致、理趣的追求。在美术领域，人们也不再满足于以形似作为判别艺术作品优劣的标准，而更注重对精神世界的表现，由写实变为写意，由形神兼备转而变为重神轻形。沈括在《梦溪笔谈》中引用欧阳修的诗，强调"画意不画形""忘形得意"，正表现了宋人的审美意趣，反映了沈括在书画上的造诣。

再者，沈括在绘画的要求上，特别强调天趣和灵感。《梦溪笔谈》中有一个故事叫《画格日进秘诀》，其中记载一个人叫宋迪，职务是度支员外郎，擅长绘画。宋代画家郭熙开创山水画的"三远"画法，即高远、平远、深远。高远在于表现景物的高度，深远在于表现景物的深度，平远在于表现景物的宽度。宋迪最擅长画平远山水，他的得意之作有《平沙雁落》《远浦帆归》《山市晴岚》《江天暮雪》《洞庭秋月》《潇湘夜雨》《烟寺晚钟》《渔村落照》等，人称"八景"，流传很广。当时还有一个叫陈用之的人也很会作画。有一次，宋迪看到他正在画山水画，对他说：你的画的确很工整，但画中缺少"天趣"。陈用之非常佩服宋迪的鉴赏力，说自己的作品不及古人。宋迪告诉他，要画得有"天趣"也不是一件难事，可以找一堵破墙，墙上贴一幅素绢，朝夕观看，看得久了，就会见到破墙之上，高高低低，曲曲折折，就成了山水的形象。这时心中留下了破墙高低曲折的映象，想象它们近似于山水之处，高者为山，下者为水，坎者为谷，缺者为涧，显者为近，晦者为远。这时心领神会，甚至可以看到山水之间有人走禽飞、草木摇动的形象。所有这一切仿佛都了然在目，则随意命笔，所作的山水境界，自然天成，这就叫作"活笔"。陈用之听了这一番话，用心去做，从此画艺大进。

沈括引述这个故事，无疑是赞同宋迪的看法的。在他看来，绘画不仅要求工整，而且要有"天趣"。这种"天趣"实际上是指一种自然的形式美。宋迪教导陈用之面对败墙素绢，朝夕观看，实际上要他调动自己的生活积累，展开丰富的想象，以一些偶然形象来触发心中的灵感，创造出种种的形象和构图，从而提高绘画品格，增加艺术意蕴。一旦灵感触动，这时再命笔作画，即使用笔极不工整，草草挥就，也往往别有生动的"天趣"。沈括传授了画格日进的秘诀，即锻炼绘画的基本功——精到入微地观察，然后发挥自己的想象力，心存日想，神领意会，最后"随意命笔"，以至"境皆天就"。

沈括在《梦溪笔谈》中写下不少对书画的批评文字，评价扼要而且中肯，可供后人参考。他谈及书法的内容不多，但对王羲之写的《乐毅论》，备极赞许，认为笔画清劲，是小楷字的绝品。另外谈到宋初徐铉的小篆，很赏识他的用笔之法，认为他的笔锋直下不倒侧，所以能够锋在笔画中。

沈括对唐、五代以来的画家，如王维、徐熙、黄筌、高益、董源、巨然等都作出很高的评价。花鸟画中的徐、黄二体，他曾不厌其详地细加分析。徐熙画法注意表现对象的精神特质，采用质朴简练的手法，创立了水墨淡彩的风格。沈括说他："以墨笔画之，殊草草，略施丹粉而已，神气迥出，别有生动之意。"这对徐体的特长，真是一语中的。黄筌注意真实地反映生活，多用淡墨细钩，然后用重彩渲染的双钩填彩画法。沈括说他"妙在赋色，用笔极新细，殆不见墨迹，但以轻色染成，谓之写生"。这种画法，代表了画院的风格。

徐、黄各尽所长，形成两大流派。两人传世的作品现已不多。沈括距离宋初不远，能亲眼看到徐、黄二人的画迹，对他们有较多的了解，他所作的评价，对我们有很大的参考价值。

沈括对书画理论有许多精辟见解，特别是提出"以大观小"

的山水画透视规律。

沈括在《中国画之散点透视》中提到，人们画牛画虎，总要画牛毛、虎毛，只有画马不画马毛。沈括曾问画工其中的道理。画工说马毛细，所以不能画。沈括反问：鼠毛比马毛更细，为何画鼠时，却要画鼠毛？画工不能答。沈括认为，马身体庞大，而画布不过方尺大小，要在这区区尺寸之地画一匹马，马毛细，就不可画；而老鼠身体小，大小跟画布差不多，所以画鼠就要画毛。牛、虎与马一样都是庞然大物，照理也不应该画毛，但牛、虎之毛色深，马之毛色浅，所以应该分别对待。因此，名家作画，即使是小牛、小虎，也往往稍微用笔涂抹几下，把毛的形象勾勒出来。

沈括认为画毛或不画毛，或虽画毛，但稍作勾勒，这些艺术表现手法上的不同，都是有理可论的。绘画对象的体积大小不同，反映在画面上的比例不同，对于细节的表现要求也应不同。因此，沈括既强调生活，但不主张完全照搬生活，因为生活有生活的规律，艺术有艺术的法则。在绘画上，他非常强调艺术法则的运用。

宋代有个叫李成的画家，他画山上亭馆楼塔之类的建筑物，都要"仰画飞檐"。他的理由是人从下望上，从平地仰望塔檐，可以看到它们的榱桷。沈括认为这是不对的。他说，画山水的方法，应以大观小，就像人看假山那样，如果完全按人眼所能看到的真实的山峦去画，往上看，只能看到一重山峦，怎么会有重峦叠峰的景象呢？更不用说那些山间的溪谷了。这就像画房屋一样，人看不到中庭及后巷中的东西。沈括嘲笑李成不懂得"以大观小"的道理，画出来的建筑物都变成"掀屋角"的形状。

其实绘画中采用透视方法，有焦点透视与散点透视之分。所谓散点透视就是在画面上没有固定的视点，所以中国画的横幅画可以画千里江山，竖幅画可以画层峦叠翠。沈括所说的"以大观小"之法便是一种散点透视，而李成画建筑物时采用"掀屋角"的方法，实际上是用焦点透视来表现景物。按中国画的传统画法，一般是用散点透视而不用焦点透视。这也说明沈括对传统画理是非常精通的。沈括分析了中国山水"以大观小"的构图法，见解精辟，由此观之，沈括已能灵活运用透视学的原理来研究绘画艺术了。

第十一章
史学卓识

一、史观显进步

沈括是个通才，从史学角度而言，《梦溪笔谈》有不少具有很高史料价值的历史记载。

沈括是司马迁的粉丝，对班固则有所批评，在《补笔谈》卷一的议论中，就反映出他扬司马迁抑班固的倾向。沈括对班固批评司马迁"是非颇谬于圣人"的意见不以为然，他肯定了司马迁不拘泥于古史的历史进步性。沈括认为，司马迁肯定了西汉初年行黄老之术，是适应当时形势的，也是针对后来汉武帝的穷兵黩武而发的，汉武帝连年对外用兵，最终导致在位后期"海内虚耗，户口减半"的局面。司马迁是史学家，有责任秉笔直书，将汉武帝的做法通过史书予以批评。沈括毫不客气地对班固的观点进行批评，认为班固并未能体会到司马迁的良苦用心，是对司马迁的批评曲解和诽谤。班固还批评司马迁在《史记·游侠列传》中有鼓励奸邪的做法，沈括则认为班固所言也是不足为训，司马迁为布衣游侠立传，是讴歌这种游侠急人所急、救人危难，虽然他们蔑视儒学和国家王法，但造成这一局面的根本原因是社会的不公平。此外，沈括也不赞同班固对司马迁"崇势利而羞贫贱"的批评，他认为这并不是司马迁有违圣人重义轻利的做法，而是司马迁一种经济地位决定道德观念的进步意见。这些都反映出沈括其实具有进步的历史观念，这在当时的社会环境下，无疑是十分可贵的。

具体到《梦溪笔谈》对于一些史实的叙述上，沈括敢于用事实来反驳官方史学对于一些史实的歪曲。如对宋太宗淳化年间四川王小波、李顺起义的记载，沈括敢于反驳官书及其文人记录的歪曲，使王小波、李顺"录用材能，存抚良善，号令严明，所至一无犯。时两蜀大饥，旬日之间，归之者数万人……及败，人尚怀之"的真相得以流传。这一点就可以和完整记载宋太宗一朝二十二年历史《宋太宗实录》张舜卿奏事的内容相互印证。

　　沈括在描述科技史的专门史实时，特别重视劳动人民的创造。在《梦溪笔谈》中，沈括记录了比如像水工高超、木工喻皓、创造泥活字的布衣毕昇等的科学和技术成就。将这些底层百姓的发明和创造热情地运用自己的笔触加以记录，使得千百年后，这些名不见经传的人物得以在人类历史上留下了属于他们的痕迹。尤其是沈括对于毕昇泥活字发明的记载，更是使中华文明得以有效记载和印证。毕昇的发明比德国人约翰内斯·古腾堡的铅活字印刷术早了大约四百年。还能让我们真切地感受到这种活字印刷术相比以前雕版印刷的便捷之处。1965 年在浙江温州白象塔内发现的刊本《佛说观无量寿佛经》经鉴定为北宋元符至崇宁（1098—1106）年间活字本。这就是毕昇活字印刷技术的最早历史见证。

　　沈括曾经写有《春秋机括》《左氏记传》等历史著作，可惜的是，两书现在都已失传，但从书名判断应该是春秋时期的历史事实的记载。能反映沈括史学才能的，或许只有残存的《乙卯人国奏请》《人国别录》，这里保存着宋辽交涉的一段实录，是至今流传的历史著作。

　　沈括这部著作，虽不以历史为名，却采取了严谨的史法。他主张要认真鉴别史料，认为"天下地书，皆不可信"，又说"小说所记，各得于一时见闻，本末不相知，率多舛误"。沈括对司

马迁是很推崇的，认为"凡《史记》次序说论，皆有所指，不徒
为之"。这说明了他的主张，前者说明选择史料的重要性，后者
说明研究历史必须和实际联系，真是撰写历史著作的卓见。因
此，对于沈括的著作，它的历史价值也就可知了。《梦溪笔谈》
文字浅显易懂，和沈括对历史事实记载的"实录"精神，充分反
映了其进步的历史观念。

二、专史留其真

《梦溪笔谈》是一部科技史著作，但其中有部分内容也记载
了当世掌故，由此也可以称得上是一本反映北宋时期历史资料的
汇辑。

如对于典章制度、财政经济政策、民族关系等，书中都有大
篇幅涉及，有较高的史料价值。

典章制度的叙述，是《梦溪笔谈》的重点内容之一。被编入
"故事"一栏的内容有官制、礼制、舆服、仪卫、文牍、掌故等，
包罗很广，而且沈括的记载多半都追溯到唐代。所记录的材料，
有许多可以由正史或其他书籍证实，如驾头、扇筤等皇帝仪仗，
在《宋史·仪卫志》中就有记载。章惇改行翰林学士见丞相礼节，
则见于《宋史·职官志》和《续资治通鉴长编》，而这些都是记
载北宋相关制度和史实权威的历史资料。诸如此类，数目很多。

沈括作为亲历者，参加过典礼和法令的编修工作，所记的制度都有实在的根据，可靠性相比于一些后人追记，更令人信服。

也有一些包含礼仪与衣着的社会史，不曾见于别的记载，或者是即使见于他书却不如沈括的记载更加翔实，可以互相补充，互相参证。如唐代宣召学士礼仪，是翰林院重大典故，《新唐书·百官志》和《唐会要》等书都没有很好地注意到这一点，唯独沈括在《梦溪笔谈》一书里做了详细的叙述。

幞头是宋人通常所穿戴的服饰，《宋史·舆服志》只记了它的演变、形式和制造原料，沈括更详细地说明幞头分五等，以及不同身份穿戴者的区别。枢密院公文用"宣"和"头子"的起源，沈括和宋敏求都进行过研究，一载于《梦溪笔谈》，一载于《春明退朝录》，两者可以互相参证，并对《宋史》可作补充。

经略使是地方的大员，《宋史·职官志》着重记述沿革，沈括却阐明了职权和统属关系，《宋史·职官志》说他自任鄜延经略使，但在《宋史·沈括本传》中却不见记载。

其余如三馆（昭文馆、史馆、集贤院）职事可称学士，被宋吴曾的《能改斋漫录》所征引；宋代开始用长人做殿门文武官，被清俞樾《茶香室三钞》所征引。宋代校书官不认真任事，被清编《历代职官表》所征引。

上述这些事实说明《梦溪笔谈》所记，的确有许多珍贵的资料。沈括对史料的记载抱着严肃负责的态度，对史志中有错误之处，能用事实加以更正或说明。例如沈括所编著的《南郊式》，《宋史·艺文志》却说是王安石所著，这是明显的错误。《宋史·舆服志》记载，将士人普遍穿着紫衫、凉衫，以及三省、枢密院改用银印，说成都是南宋以后的事，殊不知沈括著作《梦溪笔谈》的时代，即北宋后期已经是这个样子了。

在硫酸铜溶液中取铜的技术，曾被宋人用在造币上，《宋史·食货志》将这件事放在了南宋高宗的绍兴十三年（1143）以后，似乎这种方法南宋时才开始。但《梦溪笔谈》中早已记载了烹胆矾成铜和熬胆矾的铁釜。

在财政经济史方面，因为沈括是王安石变法运动的参加者，又曾做过权三司使，从事管理财政工作，得见政府所藏档案图籍，所以留下可靠资料很多。在《梦溪笔谈》里，他评价了一些有名的理财措施，如唐代刘晏的均输法，宋仁宗时期范祥的盐钞法、茶的三说法及北宋茶法等，使我们能正确了解它的详细内容。书中记录了北宋时一些财经数字，如盐课、茶利、铸钱额、岁运上供米、吏禄支出等这些情况，为我们研究北宋的财政经济状况，提供了重要的经济史参考资料。再如所载秦、汉度量衡制，唐、五代的钱陌法等，同样有很大参考价值。

记载水利发展的内容，所占篇幅也特别多。沈括同自己兄长沈披一样，对水利发展特别的重视。早年的《万春圩图记》叙述圩田历史，可以上溯到南唐以前。真州水闸的建筑，提高了淮南漕运率数倍，苏州至昆山长堤的修建，改善了水利灌溉的状况，免去了农民跋涉的劳苦，这些重要史实，都是《宋史》所未载的。

此外，沈括自己在三司任上所执行的政策，都详细地记录在他晚年所写的《自志》里面，不仅是研究王安石变法改革时期的信史，也为研究宋代经济史提供可贵的史料。

《宋史》记载民族关系，偏重以汉族为主体，对于各族本身的发展，多半语焉不详。沈括的著作虽还不能解决这个问题，但因他出使过辽朝，镇守过西北边疆，所见所闻既广，留下的记录也多。而且私人著作取材和官书往往不同，可信度更高。

沈括所记西夏史事，得之于自己亲见亲闻，其中有许多是《宋史·夏国传》所失载。例如关于元昊之死，沈括说是元昊的儿子宁令受，接受母亲的指使，入室向元昊行刺，因伤致死。这事可用王称《东都事略》作印证，补充《宋史·夏国传》的缺略。不过，宁令受在《东都事略》中作宁令哥，但据《宋史》中宁令哥是谅祚小字，似乎应以沈括的说法为是。至于实施这次宫廷阴谋的原因，沈括认为是因元昊另纳新后没藏氏，生子谅祚为元昊之所偏爱所致。此外，《梦溪笔谈》有关谅祚后梁氏事迹，多半是《宋史》所未收。梁氏当权和沈括在陕西恰巧同时，其中围攻顺宁寨一条，更是他亲身的阅历，这部分的史料价值是很高的。

有关宋、辽交涉的历史，沈括对出使经过留有详细记录，提供了这个历史事件的第一手材料。尤其对于澶渊之盟的经过，也提出了新的补充，见于《梦溪笔谈》和《长兴集》中，可见沈括对它很重视。澶渊之盟是宋、辽关系史上的转折点，一般人只知道办理交涉的曹利用，不知道还有一个名叫张皓的，在这次和议中起着重要的作用。张皓在澶州战役中，是立过大功的，可是后来因为被曹利用所排挤，以致功劳被埋没了。沈括的记录，其大意为：

皇帝亲征，驻跸澶渊，王继忠从契丹上奏，盛称辽帝求和心意，奏书直达行在所。皇帝便遣曹利用送信给契丹，谋与他们讲和。曹利用行至大名，这时王钦若镇守那里，以为契丹正在得志，怀疑他们求和的真心，便留下曹利用不让他前往。恰巧遇到敌人围攻，曹利用出不得城，朝廷不知曹利用消息，又招募人继续前往。物色到殿前散直张皓，就令他在行在所觐见。张皓带着九岁的儿子见到皇帝，说道："臣如果得不到契丹消息回报，誓死不再回国来了，请求陛下就录用我的儿子吧！"皇帝赐他三百两银子，命他起程前往。张皓出了澶州，被契丹的巡逻骑兵掳去，张皓便对他们说出讲和的使命，被引领见到太后萧氏和辽帝。萧氏掀开车上帷帐，叫人在车辕上放一块木板，让张皓坐着谈话，给他一些酒食，热情地慰劳他。张皓回来的时候，打探到契丹想偷袭我们的北寨，便把他们这个阴谋向守将周文质、李继隆、秦翰等报告了，周文质等便布置好兵力，严密地防范着。黎明时，契丹兵果然来到，宋军上前迎战，射中大帅挞览，跌下马来阵亡，契丹兵于是完全溃败。皇帝再令张皓前往重申前约，并告诉契丹已派遣曹利用讲和。张皓入大名，告知王钦若，和曹利用一同前往，和议便得到成功。

这是澶州之役的胜败关键，它使宋人能在较顺利的条件下订立和议。沈括所记和《续资治通鉴长编》根据《实录》所记过程大略相同；不过李焘所记非常简单，可以用沈括的私人资料来补充参证，这是其补充史阙的价值。

第十二章
地理名家

一、地理有卓识

宋代商业、交通迅速发展，人们眼界不断地扩大，地理学开始进入繁荣时代。在当时地理学家中，沈括是具有代表性的一个。他少年时随父宦游南北，后来自己做官，任官经历和足迹遍达南北各地。他的地理记述，就是在旅途中观察研究的心得。

沈括对于地理学的首要贡献就是在历史地理方面进行了系统记述与考察。比较著名的有对于出使地风土人情描述、各地矿物和化石的记录、交通地理、沿革地理和地质地理等方方面面，沈括都做了很多有益的先行探索与尝试。

（一）沈括对于各地风土、人情和物产的描述

最著名的就是沈括于熙宁八年（1075）出使契丹时，沿路考察山川形势、道路曲直、风俗人情，绘制地图，作《熙宁使虏图抄》。就这些现存的使辽语录而言，沈括这部《熙宁使虏图抄》是最为翔实准确的一部，史料价值也最大，所记述的出使辽国路线也最长，成为如今考证所路经地区历史地理的宝贵文献。像这一类地理沿线的实际记载，不单对沿途辽国的风土人情有所记载，而且对沿途的交通地理都有所反映和记载，还有很大的实用意义。

沈括有时还为了研究而专门进行勘察，熙宁时期特地去了淮南地区，按图探索发现了沟通江淮的古水道，沈括用模型将实地观测的结果记录下来。地理模型的制造，是沈括对祖国古代地理学的又一重大贡献。

沈括对各地物产的描述，贡献也很大。他从经济地理方面，用了很多篇幅记录各种物产和出产地，比如动物、植物，以及茶、盐、石油等，资料很丰富。

在众多物产中，记述比较全面的是盐。或许与他曾主持过陕西改革盐钞法有一定的关系。他将盐的种类按照产地分为末盐、颗盐、井盐、崖盐四种。末盐出产于沿海，行销于河北路、京东

路、淮南路、两浙路、江南东路、江南西路、荆湖南路、荆湖北
路、福建路、广南东路、广南西路等十一个路。颗盐出产在山
西，即解州盐池和晋、绛、潞、泽等州，行销于京畿、南京、京
西、陕西、河东、褒剑等全国各处。井盐出产在四川盐井，行销
限于四川。崖盐出产在土崖之间，行销于阶、成、凤等州。这条
记载，是我国盐产区和销售区的扼要叙述。

（二）对于各地矿物和化石的记录

沈括对各种矿物的记录中为我们所熟知的，首先是石油。沈
括正是石油的命名者。沈括对石油采集的情况，留下了珍贵的记
录，尤其是对石油用途的发现。他在延州的时候，看到当地人采
集石油，燃烧时冒出一股很浓的黑烟，连帐幕也熏黑了，便断定
这种黑烟可以利用。他第一个用它代替煤烟，制造成墨，并断
言"此物后必大行于世"。他又说："盖石油至多，生于地中无穷，
不若松木有时而竭。"他认识到陕北油田石油储藏量的丰富，认
为石油不但可以替代木材，是一种有价值的燃料，而且地层下面
蕴藏无穷，可供大量开采，甚至用之不竭。他对石油的评价，确
实是很有远见的。

他又从泉州熬炼胆矾一事，认识到"水能为铜"。他通过对
石钟乳的观察，认识到这是"石穴中水所滴"，因而归结成为
"土能生金石，水亦能生金石"两句话。他观察到地下水含有矿

物质，这是一项极具价值的科学记录。同样，他从解州盐池，观察到玄精石（石膏），是咸卤津液渗入泥土，积久凝结而成。而且他用杏叶、鱼鳞、龟甲等物，形象化地说明它的结晶形态，比喻得逼真酷肖。

对于化石，我国古籍中早有记载，北魏时期的郦道元，就在他所写的《水经注》中记载了石鱼山的鱼化石。沈括的贡献在于，他不仅详细记载了化石，明确指出它们是古代动植物的遗迹，并且还根据化石推论了古代的自然环境。在欧洲，15世纪以前人们普遍认为化石是上帝造物时所丢弃的东西。直到文艺复兴时期，达·芬奇才开始对化石的真实性质作了一些探讨论述，但比沈括要晚400多年。

（三）对于交通地理的关注

有学者指出，在宋代形成了"全国市场"。或许正是这种全国性的联系，全国和局部地区的运输交通，也是沈括非常感兴趣的问题。他一再谈到盐、粮等运输情况，谈到河渠、水闸对漕运的作用，谈到当时的驿传制度，也谈到边区的交通运输。其中如出古北口通契丹的道路，他根据自己的经历写道："澶州东北五十里，有金沟馆。自馆少东北行，乍原乍隰，三十余里，至中顿，过顿屈折北行峡中，济滦水，道三十余里，钩折投山隙以度，所谓古北口也。"

沈括文集里面的纪事文，提到当时国家富裕的东南地区，往往用简洁的文笔，从地理观点来加以概括。如在谈到他曾经任职的扬州时，就从它背后地域的广阔、交通中心位置来说明它的重要性，认为它是自淮南以西、大江以东、南至五岭、西抵蜀汉广大地区的水陆交通枢纽，舟车经这里进入京师开封的，占了全国的十分之七。真州（今江苏仪征）地理上是长江、运河的交叉点，自从建筑水闸后，水道交通大为改善。这里的堆栈和船只都比较集中，当地人口多以航运做买卖为业。论及沈括的老家杭州时，说杭州是东南的大都会，地广民众，人物富盛，为全国第一。论及沈括幼年曾随父前往的泉州时，说明了它的滨海位置，是当时商船航行起点，聚集的珍怪异物很多。其余对于像楚州、江州等地，沈括也都有所论述。这些地方，都是沈括亲身经历过的。从他的记述里，可以知道东南地区的经济，比较过去有了长足的发展和进步。

（四）对于沿革地理的认识

宋人对沿革地理的研究较前人更加重视，因此获得许多显著成绩。当时不但著述的风气渐趋普遍，而且著作体裁已经不限于为经传作注脚，或只容纳在地理专著中。许多笔记杂录也选择这类题材，作为重要研究项目。这一点在《梦溪笔谈》里也比较突出。沈括有所论述辩证也常是很精辟的，他的考据和学说为后来学者引用的很多。如北岳恒山即宋时的大茂山，山脊是宋、辽两国的分界点；抚宁县有新旧二城，李继隆迁至滴水崖的，即后之罗兀城加上上述无定河活沙、古北口隘道等条，明末顾祖禹在其代表作《读史方舆纪要》中加以引用，作为立说的根据。

例如对《禹贡》所说的"彭蠡既潴，阳关攸居，三江既入，震泽底定"的记载，对古云梦泽、楚国郢都、章华台，和漳、济二水的命名，黑水等问题，当时学者都很注意，而沈括也有他的看法。

就拿"三江既入"的"三江"来说，这是一个沿革地理学上聚讼纷纭的问题。在沈括以前，研究这个问题的人提出过很多说法，和沈括同时的王安石、苏轼也都各持一说。沈括却认为，孔安国说："自彭蠡江分为三，入于震泽（太湖古称震泽）后，为北江而入于海。"《禹贡》说："彭蠡既潴，阳鸟攸居，三江既入，震泽底定。"对照上下文来看，彭蠡是水流氾潴的地方，三江是水流注入的地方，并不是什么三江之水流入震泽。震泽的上源，都被山岭环绕着，没有什么大江。要到震泽的尾闾，才分布着很多大江，也不知道哪几条叫三江。因为三江的水没有去路，便使震泽壅塞，产生祸害，三江的水有了去路，然后震泽才能平定，这是水流的原理。沈括这个结论和众说显然不同。一般论及三江的，大体上会根据其中的"三"字，以《禹贡》中所说的"北江""中江"来立论，拼凑成北、中、南三条江的名字，没有什么确凿的根据。沈括却不是那样，他把《禹贡》的上下文对照，从语法上阐明原句文义，订正了孔安国三江共入震泽的说法。这就对其他诸家的说法也加以否定，认为三江不一定确有所指，这和今天学者们认为"三"字是多数义，颇有近似之处。沈括首先对"三江"提出怀疑，对后人有很大启发，真是卓有见地之论。

说到云梦泽，在古文献上有时单称，有时连称，究竟是一湖异名，抑或两湖的合称，讨论这个课题的人也很多，各执一词，不容易解决。沈括利用古本《尚书》和《左传》等典籍，参考自己的见闻，提出"江南为梦，江北为云"的观点，并大体勾勒出宋代云梦地区的大致范围："江南则今之公安、石首、建宁等县；江北则玉沙、监利、景陵等县。"后来南宋的学者，如郑樵、洪迈、祝穆等，都是在这个观点的基础上立论。虽然这种说法没有成为学界公认的结论，但是经沈括提出，便有力地支持了云、梦实为两湖之说，此后直至清代，仍卓然成为一家之言，一直有人提倡和支持。

沈括对当时共同讨论的问题多提出过自己的独立意见。这与他十分注意考察名山大川和民风民俗有着直接的关系。在研究这个问题时，沈括不满于文献材料的记载，在被贬随州的过程中，还亲自进行实地调查。他从随州路过安陆（今湖北安陆）的时候，就留意踏勘了云梦泽的遗址，企图从公安、玉沙（沔阳东南）等县地形来解决这个问题。沈括身体力行，并十分注重研究历史地理的田野工作，可见在研究方法上他已经开创了先例。

（五）对于地质地理的先行

《梦溪笔谈》中对海陆变迁、流水侵蚀、古生物化石、矿物知识及地震等都有大量记载。我国自古虽有"高山为谷、深谷为陵"的说法，但在沈括以前的时代，一般都说得不够具体，不能正确阐明山谷变迁的原因。沈括在这方面迈进了一大步，在我国科学史上留下了光辉的记录。

他在《梦溪笔谈》中，描述了巉岩峭壁的水蚀地形，并说明它是由水力侵蚀所致。北宋熙宁七年（1074），他察访浙东时，曾深入到温州的雁荡山，观察了山区的特殊地貌，发现雁荡诸峰，峭拔险怪，上耸千尺，穷崖巨谷，不像其他山包在群谷之中。从岭外望去，什么都看不见，跑到山谷里面，但见森然冲天。他研究这种地形的成因，认为应当是被谷中大水冲击，泥沙尽被刷去，才剩下巨型石块高峻独立。这就明白地指出了水的侵蚀作用，地面被流水侵蚀，挖切而成为山岭。他又说："像大龙湫、小龙湫、水帘、初月谷等处，都是水凿的洞穴，从下面望上去，只见高岩峭壁。从上面看来，恰好和地面相平，以至各峰的顶尖，也低于山顶的地面。"这里，他描写了这种水蚀地形的特点，说出了地形构成的原理。他运用在雁荡山观察的结果，和其他地区类比，特别联系到西北的黄土区，得出结论说："今成皋、陕西的大涧里常看见百尺高的土墩，迥然耸立，这是雁荡山的缩影，不过这里是土，那里是石罢了。"

他用比较研究的方法，进一步指出西北黄土带的土墩，正是相同的应力所造成，所不同的只是组成物质有土质和石质的分别罢了。生在 11 世纪的沈括，对地形构造有此卓识，可说是难能可贵的。世界上和他同时而略早的学者，用侵蚀作用解释山岳成因的，也只有阿拉伯的阿维森纳一人。竺可桢说："在我国 11 世纪，而有此种见解，可称卓识。"

他根据岩石中古生物的遗迹，正确地推断河北平原的生成，并归纳成为普遍的原则，说明河流对海陆变迁所起的作用。在同一年秋天，沈括察访河北西路时，沿着太行山北行，也观察到所见山崖，杂有螺蚌壳和鸟卵形砾石，横亘石壁中有如带状。他经过研究，断定这一带原是旧日海滨，观察时已经距海近千里，所以太行山东麓，就是古代的海岸线。自此而东，沧海桑田巨变。这一带所说的大陆，都是泥沙沉淀所成，也就是黄河、漳水、滹沱河、涿水、桑干河等浊河，挟带来的泥沙构成的平陆，这是对华北平原成因（冲积平原）最早的科学解释。也是对华北平原形成第一次比较科学系统的叙述。沈括根据古生物化石来推断海陆的变迁，这是非常正确的。

而且，他的成就并不停留在研究河北个别地区上，同样，他采取了类比的方法，从河北平原的构成，推论到其他地域。他认为关陕以西各条河流，每年挟带东流的泥沙，也都成了大陆的冲积土，是理所当然的。这样就断定了河流上游的侵蚀，经过水流运输以后，都会在下游沉积起来，成为大陆的泥土，这是对河流作用的全面概括。

唐代的颜真卿虽也提到抚州南城县（今江西南城）麻姑山，"高石中犹有螺蚌壳，或以为桑田所变"，但是远远没有沈括讲得确切，描写得那么具体，甚至对化石沉积的形态，横亘成为带状，也留下了明确的记录。后来南宋的朱熹便发展了沈括这一学说，由化石而推论到岩石的生成，基本上完全以《梦溪笔谈》的记载作为立论依据的。至于提出河流侵蚀的作用，在世界上也是他最早，较英国人郝登早600多年。

沈括对古生物化石和矿物的生成、用途等，都进行了观察，并且提出了许多难得的卓识。沈括在太行山，看到横亘石壁如带的螺蚌壳，敏锐地认识到这是古生物的化石，并且对它的沉积形态留下了记载，这在他那个时代是很不容易的。《梦溪笔谈》有关化石的记载还不止此，他在延州的时候就发现过一种近乎竹类的化石。这是在地面下几十尺的地方发现的，他把发现的东西称为"竹笋"。"竹笋"有数百茎之多，"根干相连，悉化为石"。他在浙东的时候，在婺州（今浙江金华市）金华山，也发现过松的化石。根据这个事实，他便推论到桃核、芦根、蛇、蟹等动植物，都可以变成化石。把化石解释为生物的遗迹，沈括虽比颜真卿为晚，但比较西方的达·芬奇，却早约四百年。

二、气象显奇能

在中国古代，由于以农立国，所以中国古代历来对农事活动和气象的变迁十分重视。而北宋又是一个局部统一的王朝，它与周边的辽和西夏，乃至其他少数民族政权并立，在争夺过程中必然爆发战争，而气象因素也是影响战争进程和结果的重要因素。

古人对雨后彩虹现象并不十分了解，将彩虹看作是"能入溪涧饮水"的怪物，稍早于沈括的北宋科学家孙思恭（字彦先）认为，虹是渝中太阳的影子，太阳一照就会有。但这一观点并不被世人所广泛接受。沈括对彩虹现象做了认真的观察，记载了有关虹和大气中的折射现象，肯定了孙彦先所提出的有关虹的成因学说。这次观察，是他在熙宁年间出使契丹时开展的。在一个新雨初霁的黄昏，沈括看到所住帐前小涧上出现了虹，虹的两头垂入涧中。他叫人渡过小涧，隔虹对立，中间离开几丈，便像隔着一层轻纱一样。自西朝东望，就可以看见虹；但站在涧东向西望时，却见阳光闪烁，虹一点也看不见。因此，他引用孙彦先的话说，"虹是雨中的日影，日光照着雨点时便发生"。通过这次实验，他指出虹的位置和太阳相对，傍晚的虹出在东方，须在一定位置观察。他用孙彦先的学说来解释虹的成因，这个解释虽还没有现代完整，但在 900 年前便持有这样的见解，已经是很先进的了。到南宋时，大儒朱熹根据沈括这一论述，进一步批判了前人所谓虹能止雨的说法，说明因云薄雨稀，才能透露日光，因为透露日光，才能看到虹的出现。

沈括在《梦溪笔谈》中还对"海市蜃楼"现象有多次描述，并进行了系统阐释。稍早于沈括，欧阳修也描述过海市蜃楼现象。熙宁年间，登州（今山东烟台蓬莱）海上有时有云气，像宫室、台观、城堞、人物、车马、冠盖，清晰可见，叫作"海市"。有人说这是"蛟蜃之气所为"，沈括当时就怀疑并非如此。他又想起了欧阳修在仁宗末年出使河北时，曾在山东西北高唐县的驿舍中，夜间听见有鬼神从空中经过，及车马人畜之声，听得清清楚楚。沈括后来也曾出使河北西路，他访问当地的一些父老。老人说：二十年前，曾经大白天在县里出现过，人物看得很清楚，当地人称为"海市"。沈括推测，这与登州见到的大概是同一种自然现象。

根据现代的气象科学，当空气温度在垂直方向分布反常时，会引起空气密度垂直分布的反常，从而引起光线与通常情况下不同的折射和全反射，由此产生"海市蜃楼"的景象。这种大气光学现象，在海上或沙漠中比较容易见到，人们因此有时能够看见极其遥远的景物。沈括虽然还无法加以科学解释，但他根据自己的见闻记录了这个景象，认为这是一种自然现象，否定了"蛟蜃之气所为"的无稽之谈。

风是一种极为常见的自然现象，《梦溪笔谈》中还有对几种风的描述，其中有夏季的雷雨大风、龙卷风、盐南风、汝南大风等。沈括说，江河湖面上最怕大风。冬季时，风是慢慢刮起来的，行船江湖，还可以提前预防；唯有盛夏时，大风往往起于转瞬之间，常常使人遭遇不测。沈括听说常在江湖上行走的商人们有一种办法，可以避免这样危险。夏季大风，大多起在午后。如果要行船，五更就得起床，看到星朗月明，天空无云，就可以行船，到巳时（相当于现在上午9时至11时）停船，这样就不会遇到风暴。在这里，沈括明白记录了风的年变化和月变化。沈括对当时恩州（今河北清河）武城县的龙卷风进行了客观细致而又形象生动的描述，是我国历史上关于龙卷风的首次记录，也是最早的龙卷风灾害调查。

在我国的部分地区，夏季受副高压控制，气温极高，水汽蒸发，产生对流云，引发午后的雷阵雨，同时往往伴有大风。这些雷雨大风往往在顾盼之间产生，危害行船。冬天就没有这种现象。同时，风的变化又与日气温变化密切相关。夏天中午之后气温最高，空气层结最不稳定，对流最强，因此这种雷雨大风往往在午后产生。北宋中后期又是中国古代史上一次久旱时期。有一次，京师久旱，神宗问他下雨的日期，他预测就在明天，果然到了次日，天就下了大雨。这说明沈括自己也懂得预测天气的技术。

沈括在《梦溪笔谈》中还记载了陆龙卷风。他说，熙宁九年（1076），恩州武城县有旋风从东南方向刮来，看起来好像一只插在天上的羊角，大树都被连根拔起。顷刻间，旋风卷入云霄中。大风经过县城，官府民居，被扫荡殆尽，很多东西都被卷入云中。武城知县的女儿、奴婢等人被大风卷到空中，又从空中摔下而死亡。民间死伤失踪者更不计其数。县城化为废墟，最后只好把县治迁到其他地方。沈括记述的陆龙卷风是龙卷风的一种，它是自积雨云底下垂的羊角状漏斗云，属于小范围的剧烈天气现象。沈括十分详尽地记载了这次自然灾害，是中国气象史上的珍贵记录。

沈括还记述了"盐南风"。解州是宋代一个非常重要的产盐地。盐泽之南，夏秋间多大风，被人称为"盐南风"。风势很猛，风来时摧屋拔木，几乎要把大地摇动。但刮风的范围很小，不过西到席张铺、东南到中条山的数十里之间。解盐每到这股"盐南风"起时才开始结晶生产。每年夏秋之季,中国大部分地区处于副热带高压的控制之下,气温高,湿度低,加上地形的影响,使得解州一带的风力特别大。而且这种气候非常有利于盐卤的蒸发,有利于盐业生产,当然也要警惕它的破坏性。

沈括还记载了汝南大风。它的情形与"盐南风"有些类似,只是风势没有"盐南风"那么大。有人说,这股风是从城北风穴山中产生的。但后来风穴山被铲平了,大风依然如常。沈括虽不能推测风的由来,但他断定汝南大风并不是由于什么"风穴"造成的。

凡是研究古代气候的,都用物候学作为重要材料,这是祖国一门优秀的文化遗产。所谓物候,是指动物和植物随着月令季节和气候变化而变化的现象,它与农业生产和人们的日常生活息息相关。其目的是认识自然季节现象变化的规律,以服务于农业生产和科学研究。沈括在这方面,也做出了重要贡献。

在《梦溪笔谈》里,沈括曾引用杜甫诗句来说明北方的一种白雁,每到秋深才飞来,所以河北人管这种候鸟叫"霜信"。还有,他论古法采草药的记载,不但记载了物候的现象,而且在理论上也有杰出的阐发。首先他用白居易的诗句"人间四月芳菲尽,山寺桃花始盛开"说明了高度和温度的关系——地势的高度增加，温度相应下降，植物开花也跟着延缓。其次沈括用箑和竹笋的生长期迟早不一，和稻有早熟晚熟，来说明同一种植物，也有品种和发育期的不同。再者，沈括用种在一块土地上同一种植物，发育也有早晚的事实，说明同一植物之间也会形成物候参差不一。最后，在谈到岭南小草经冬也不会凋谢，山西的乔木却在秋天先自落叶，华南一带桃、李在冬天结实，而西北地区桃、李夏天才繁荣的现象时，沈括指出由于南北地区性的差异，物候自有不同。还有他更指出在同一个地区、同一块土地上，栽种同一植物，也因"人力之不同"，物候也有差异。植物生长固受自然条件的影响，有着一定的周期，但是这种关系，是可用人工栽培技术加以改变的，如辛勤灌溉、注意施肥、提前播种等，都可促使作物早熟。可见，沈括对物候的观察和认识十分深刻，观察也非常细致。沈括用了很多物候学的例子，来辩证地说明物候并非固定不变，这一点很值得我们注意。

除此之外，沈括还运用古今物候比较方法，来推断古今气候的异同。他的记载里面有一段说：近年延州永宁关的大河，河岸崩塌，在地下几十尺的泥土中，得到竹笋一林，共达几百茎之多，根干相连，都化为石。延州向来没有竹林，这些在地下几十尺发现的竹，不知是哪个朝代的遗物。难道是古时候，这里的低湿气候适宜于种竹的缘故？其实，现代学者认定沈括所说的是另外一种植物而不是真竹，而是属于一种蕨类植物——新芦木化石，它的外形与竹笋相近。就当时的科学水平来说，要正确鉴定化石，还很困难；但沈括肯定它是绝了迹的古生物，这却是可信的。由物候现象来推论古代陕西气候暖而潮湿，尽管目前对这个结论有着不同的看法，但这种研究方法，仍然被现代学者所采用，这些研究领域和方法，比欧洲人早了四百年。

第十三章
科学奇才

沈括在自然科学上的成就是多方面的，对其中很多内容在介绍他的有关事迹时已经比较详细地做了讲解，此外他在数学、物理学、化学和生物学等基础学科方面也给后人留下了宝贵的科学财富。

一、数学开先河

沈括的数学成就是巨大的，其中《梦溪笔谈》有关数学研究和知识的条目有近十条。而且沈括的数学成就已经将触角延伸到数量关系和空间形式上，以此来研究事物运动的规律。他的数学研究的领域开始涉及测量学、运筹学、几何学等。

　　沈括在数学上最主要的成就是首创隙积术、会圆术两项。据他在《梦溪笔谈》中所讲到的，古人有很多求体积的方法，主要有八种：一、刍甍，指底面为长方形的楔形体。二、刍童，指上下底都是长方形的棱台体。三、方池，指长方形。四、冥谷，倒置的刍童。五、堑堵，指上下底面均为直角三角形的三棱柱。六、鳖臑，指底面为直角三角形并有一棱与底面垂直的锥体。七、圆锥。八、阳马，指底面为长方形并有一棱与底面垂直的四棱锥。对这些形体的体积计算方法，古人都有说明，但都是侧面由平面围成的"方积"的物体，而没有侧面有缺口和空隙的"隙积"的物体。

　　那么，如何求得"隙积"的体积呢？所谓"隙积"，是有关垛积问题的计算方法，而垛积指相同形状的物体有次序地堆积而成的有空隙的堆积体，如垒起来的棋、一层层筑起来的阶梯形土台，酒店里堆在一起的酒坛等。沈括说，它们的形状虽然像倒扣在地上的斗，四个侧面都斜着下来，但由于边缘有亏缺，中间有空隙，如果用计算"刍童"的方法去计算，算出来的数值可能比实际的体积小。经过认真思考后，沈括想出了一个新的算法，即在用刍童法求出数值后面，再补加一项。这一项是下宽与上宽之差，乘以高，再除以六所得的数值。

沈括举堆积的酒坛为例作说明。假如最上层纵横各有两个酒坛，最下层纵横各有十二个酒坛，相邻两层纵横各差一个。从最上层为二，往下每下一层加一个，直到底层十二个，共有十一层。用"刍童"法计算：上层的两倍为四，加下长十二，得十六，再乘上宽二，得三十二；下层长十二的两倍为二十四，加上长二，得二十六，再乘下宽十二，得三百一十二。两项相加得三百四十四，再乘以高十一，得三千七百八十四。下宽十二减去上宽二得十，乘高十一，得一百一十。三千七百八十四加上一百一十，再除以六得六百四十九。这就是全部酒坛的数目。我们用现代算式写出来，整个计算过程就是这样：

第一步：$[(2 \times 2+12) \times 2+(2 \times 12+2) \times 12] \times 11 = 3784$

第二步：$(12-2) \times 11 = 110$

第三步：$(3784+110) \div 6 = 649$

沈括的"隙积术"如果用现代数学公式来表示是这样的：假设垛积的顶层宽是a，顶层长是b，排列成一个长方形，第二层的长和宽各增加一个，以此类推，垛积高为n，最底层宽为A，长为B，那么利用"刍童术"求出它的"实方"公式为：$V_1=n[(2a+A)b+(2A+a)B]/6$。它的"益出"部分公式为：$V_2=h[A-a]/6$。将这两者相加，得出沈括"隙积术"的总公式为：垛积总数$V=n[(2a+A)b+(2A+a)B]/6+h[A-a]/6$。经过数学史家李俨和许莼航两位先生从近现代数学的角度加以验证，证明沈括的这个公式是正确的。

其中包含的思想是深刻的。首先他把垒棋、积罂类比于基层，也就是把离散个体的累积数化成求层坛的体积值，表明他已经初步具有了用连续模型来处理离散问题的思想。

在同一篇文章中，沈括还提到了会圆术。他说，测量田亩，无论方圆曲直，都有法可求，但还没有人使用"会圆术"。凡是圆形的田，既然能算出分割出来的部分，那么只要把各部分合起来，就能使它复圆。古人用平分一个圆的方法拆开，分别计算弧长，再会合起来的误差就可能达到三倍。沈括发明了"拆会"之术。假设有一个圆，用其半径作为直角三角形的斜边，又用半径减去所割圆弓形的高，把得到的差作为直角三角形的一条直角边，然后乘两倍，就得到所割圆形的弦长。另外，把所割圆弓形的高自乘，再乘二，最后再除以圆的直径，把所得的商与圆弓形的弦长相加，就得到所割圆弓形的弧长。

沈括举例说，假如有一圆形的田，直径十步，求高为两步的圆弓形弧长。这里就以半径作为直角三角形的弦，它的长度是五步，自乘得二十五；再将五步的半径减去圆弓形的高两步，得三步，作为直角三角形的股，自乘得九。用弦方二十五，减去股方九，得十六，开方得直角三角形的勾为四步。然后把这长度乘二，就得到所割圆弓形的弦为八步，按照会圆术计算，将所割圆弓形的高两步自乘得四，再乘二得八，再除以圆的径十步，得到四尺（一步等于五尺）。将这项加上圆弓形的弦，最后合起来得到所割弧长为八步四尺。

沈括建立会圆术公式的主要思想是在局部上以直代曲。公式反映出，当弧长逐渐缩小直到为零时，弧和弦，即曲线和直线，终于等同起来。这是对刘徽割圆术思想的重要发展。可以认为沈括已经初步接触到数学中的微分的思想。沈括以后，元代郭守敬的《授时历》，以四次方程式求天球"黄道积度"的矢，就是应用沈括的公式来列式的。郭守敬是元代杰出的科学家，他的天文测定和计算，比他的前驱者都更为正确。

中外学者一致承认，沈括的研究为数学学科开了先河，这里所说的会圆术，就给郭守敬的球面三角学奠定了基础，其重要性也就可见了。

二、物理闪光芒

沈括在《梦溪笔谈》中的物理学成果，涉及现代物理学中磁学、光学、声学等领域。

首先是磁学中对指南针的记载。中国人早在战国时代就已经发现了磁体的指极性，并用它制成"司南"来辨别方向。到宋代时，人们对磁体指极性的应用更进一步。沈括在《梦溪笔谈》中虽然对磁学只记载了两条，但这两条的影响却十分重大。

这两条记载反映了当时指南针的使用情况：方术家用磁尺去磨针锋，针尖指向南方。不过常常是略微有点向东偏，并不是完全指向正南方。把磁针浮在水面上，常晃荡不止。也可以把磁针放在指甲上或碗口上，磁针转动更快，但指甲和碗口又硬又滑，磁针容易掉下来，不如用绳子悬挂起来最好。沈括认为唯有第三种方法最好。值得注意的是，沈括没有把丝以打结的方法安置到磁针上，而是以黏附的方式，目的可能是为了减小磁针运转时丝所产生的弹力，使磁针的指向更加正确。

更为难得的是，沈括记录指南针时还谈到了两项有关磁针的极其重要的发现：

第一是磁偏角的发现，因地磁南北极与地理南北极不重合，所以地球表面上磁针的指向与真正的南北方向并不完全一致，而会偏离一个角度，这个角度叫作磁偏角。在中国中部和东部地区，指南针的南极偏向东，指南针的北极偏向西。沈括明确指出磁针并不指向正南方向，而是稍稍偏向东方。这一发现是世界上最早的，领先欧洲大概四百年。在西方，直到1492年，哥伦布首次横渡大西洋时才发现磁偏角在地球上每个点是各不相同的，而且是逐年变化的。一般来说，偏角最大者可达20多度，最小者只有 1 度，或不到 1 度。

而据现代研究，在沈括的家乡长江下游地区，地磁偏角一般不过三四度。这样小的偏角，如果不是经过长期仔细的观察，是很难发现的。由此可见，沈括的这项发现是多么了不起。

第二是沈括发现磁针不仅有指南的，也有指北的。实际上所有磁石都有南北两极，把北极磨成针尖，则指向南方，把南极磨成针尖，则指向北方。磁石的两极性，在西方，是由法国人伯利格斯利纽斯到将近两百年后的 1269 年才有比较明确的认识。

第三是磁针的支挂法。沈括的实验中介绍了四种指南针的支挂法，并对其中存在的问题一一加以说明。沈括经过一系列实验，分析证明丝悬法的优点，在磁针指向技术上又向前迈进了一步。

第四是人工磁化的方法。沈括提出了用摩擦使磁针用以指南的方法，尽管比《梦溪笔谈》成书略早的北宋兵书《武经总要》中有"指南鱼"的记载，但那里没有明确如何让鱼磁化的方法，这样一来，沈括的记载就更为有价值了。

其次是沈括对阳燧成像与针孔成像的记述。所谓阳燧，是一种凹透镜。古人用凹透镜取火，把它拿到太阳光下，日光聚在焦点，放在焦点上的东西就会燃烧起来。沈括发现用阳燧照物，物体就会颠倒过来，他认为是中间有"碍"的缘故。历算家称为

"格术"。沈括说，这好比有人驾船摇橹，搁住船橹的小木桩（橹轴）就是"碍"。阳燧的表面是凹陷的，手指靠近凹面，镜中的手指是立正的，把手指移离阳燧，渐移渐远，慢慢地镜中就看不到手指了。过了某一个点，手指又在镜中出现，是一只倒立过来的手指。沈括认为，这一点正如窗孔、橹架、腰鼓之腰，起着"碍"的作用，就像橹以橹架为支点，本末两头相对，构成摇橹的动作。在阳燧之前，手向上举时影向下，手向下垂时影向上。

凹透镜成像的现象，早在战国初年，在《墨子》上就有记载。沈括的贡献在于用生动的比喻来描述，说得更加细致，也更容易让人明白。他的解释与现代几何光学对这些问题的认识，几乎是完全一致的。《墨子》虽然记录了凹透镜，但没有记录凹透镜的焦点，而且《墨子》对像的观察比较模糊，分析也较笼统。沈括用自己的手指当作物体，把物体和观察者的眼睛分开来实验，能比较详尽地描述成像的各种情况，这在科学方法上具有重要意义。正由于此，沈括发现了成正像与成倒像有个分界点，导致他进一步发现了近代光学上的焦点。在西方，直到13世纪才由英国人培根磨制出第一块凹透镜。

沈括又记述针孔成像现象。他说，风筝在空中飞翔，它的影子随着它的身子一起移动。如果风筝和它的影子之间隔着窗孔，也就是让风筝通过窗孔在室内墙壁上成像，那么风筝影的移动方向就会和鸢飞的方向不一样：风筝向东，影子向西；风筝向西，影子向东。再比如，楼塔通过窗孔在室内投下的像，由于楼塔和它们的像中间的光线为窗子所约束，也都是倒立的。沈括认为这和阳燧、鸢影是一样的道理。

中国古代制作镜子的技艺十分高超，早在汉代就有了制作镜子的记载。沈括在《梦溪笔谈》中还讲到古人的铸镜技术。他说，古人铸镜子时，大镜子铸成平的，小镜子铸成凸面的。镜面凹，照出人脸的像就要大些；镜面凸，照出人脸的像就要小些。小镜子如果铸成平的，就看不到人脸的全部，所以把它做得稍微凸一些，以便使人脸变小。这样，镜子虽小，仍然可以照全人脸。工匠造镜子时要量镜子的大小，以决定增减镜子的凸起程度，使人脸的大小和镜子的大小相称。沈括说，这是铸镜工人的技巧和智慧。根据现代物理学证明这实际上是与镜面曲率相关，成反比例关系：镜面曲率越大，成像越小；反之，曲率越小，成像越大；当曲率趋于零时，则像的大小接近物体本身的大小。沈括的记述从古代的铸镜经验，推出镜面放大率与镜面曲率之间的关系，反映了中国古代把光学知识应用于生产实践的事实。

《梦溪笔谈》中还记载了一种透光镜，镜子背面刻有铭文，共有二十个字。把镜子放在日光下，背面的花纹和字都透射在屋壁上，非常清楚。沈括家藏有三面这样的镜子，他还在其他人家里看到过这样的镜子。有人解释其中的原因，认为是铸镜时薄的地方先让它冷却，背面有花纹的地方比较厚，冷得较慢，铜收缩得多一些，因此文字虽在背面，镜的正面也隐约有点痕迹，所以在光线中会显现出来，沈括赞同这种解释。他说，厚处铜收缩得多，基本上是正确的。因为镜背有花纹，致使镜面有呈相似的凹凸不平，但起伏很小，肉眼不能察见。当它反射光线时，由于长光呈放大效应，就能够在屋壁上反映出来。

《梦溪笔谈》中还记载了这么一件事：内侍李舜举家，曾经遭受暴雷的袭击。他家堂屋的西室，雷火自窗户出来，直出屋檐。人们以为堂屋已经着火了，都出去躲避。雷停止后，却见房屋依然如故，只是墙壁和窗纸被烧焦了。屋内有一个木架，里面放着各式各样的器皿，其中有镶银的漆器，上面的银全部熔化了，流在地上，而漆器却没有被烧焦。他们家有一把宝刀，钢质十分坚硬，就在刀鞘中熔为钢水，而刀鞘还在。人们往往都认为，照理每遇大火发生，总是草木质的东西先被焚毁，然后才是金属石料。现在金石都被焚毁了，而草木质的东西安然无恙，完全出乎人们的意料。沈括在书中详尽地描绘了这次雷电事故的景象，金属被雷电击毁，而草木质物品安然无恙，这实际上是导体与非导体的区别。雷电造成危害的原因是和它的物理效应紧密相关的。沈括不知道超导体和绝缘体的区别，用佛教中的"龙火"

来解释，显然是一种没有科学根据的错误看法。

三、化学记现象

沈括在《梦溪笔谈》中涉及化学的记载也接近十条，记载了一些化学现象。

沈括对盐晶体的描述，据《梦溪笔谈》记载，蒲州（今山西运城永济市）盐池，方圆一百二十里，下雨虽久，周围山里的水都流入池里，但从来没有泛滥过，大旱时也没有干涸过。盐卤在阪泉之下，呈正红色，俗称"蚩尤血"。只有中间有一股泉水是甘泉，有了这种泉水才能把食盐结晶出来。解池之北，还有一条巫咸河。卤水如果没有甘泉水掺和就不能制成盐。如果引入巫咸水，盐同样不能结晶。所以这种河流被称为"无咸河"，并把它当作盐泽湖的祸害，人们修筑了一道大堤来堵截此水的流入，对它防范的程度甚至超过防范盗贼。究其原因，那是由于巫咸河的水非常浑浊，它一旦进入大卤，盐池中会出现淤泥一样的沉淀，就不能制出好盐了。

解州池盐开始生产于春秋时期。沈括总结了前人生产的经验，对盐泽的水文地质条件，成盐的化学作用及胶体溶液对食盐沉淀的破坏作用作了详尽的记述。解池卤水之所以呈现红色，可能因为其中含有较多的杂质，特别是含有大量的氧化铁的缘故。

因此要制造比较纯粹可供食用的食盐，必须进行重新溶解与结晶，需要把其中的铁质分离出来，因此必须用一种淡水来溶解。沈括所说的"甘泉"便充当了这样的作用。相反，巫咸河水注入卤水，就会破坏食盐结晶，因为巫咸河是一条浊水，其中含有大量的胶体溶液。沈括在当时限于历史条件，当然没有对甘泉、巫咸河与卤水成盐的关系有清楚的认识，但他重视劳动者的生产实践，观察并如实记录了这一化学现象。

沈括又记载了中国古代利用胆矾生产铜的实践。他说，信州（在今江西贵溪东）铅山县有个苦泉，水流成涧。取其中的泉水煎熬就会生成胆矾，胆矾经过烹煮就能产生铜。熬胆矾用的铁锅时间久了也会产生铜。沈括还注意到，石洞中的水滴下来都成为钟乳石和石笋，春分和秋分时节打上来的井水能结出石花，卤水的下面能生成阴精石。沈括认为这些现象都是"湿之所化"，就像水汽到天上变为风，木能生火，风也能生火。这些都是五行的本性。胆矾就是硫酸铜，炼铜的原理其实就是置换反应，即铁与硫酸铜相结合，生成铜与硫酸铁。由于铁的化学性质比铜活泼，这才使置换反应能够顺利进行。对于这一化学现象，中国早在秦汉时就有认识，并将之应用于生产。沈括显然没有认识到这一化学变化的本质。但能记录古代用胆矾生产铜的实践方法，还是有价值的。

《梦溪笔谈》中还对某些化学物质做了详细描述，如太阴玄精，它产生于解州盐池的大卤中，从沟渠内掘土可得。大者像是杏叶，小者像鱼鳞，都是六角形的。外形端正，就像用刀雕刻过一般。又有点像龟甲的形状，四周围像裙褶那样有小的凸起。前边的晶面斜向下，后边的晶面斜向上。龟甲形的晶体一片片互相重叠，就像穿山甲的鳞片一样。颜色碧绿，晶莹剔透。用手敲打它，就会沿着纹理而裂开，表面晶莹如镜。裂开的地方呈六角形。用火加热，就会全部裂开，形成一片片的薄片，状如柳叶，白如霜雪。沈括认为，它们之所以呈六角形，是阴气凝聚的缘故。他还说，现在世上所谓的玄精，实际上是维州（今四川理县）山中出产的绛石，并不是真正的玄精。在楚州（今江苏淮安）盐城县古盐仓下面的土中，出土过一件器物，六棱，如马牙硝，当地人叫太阴玄精。然而这种晶体像盐碱那样，容易吸潮。只有解州所出的才是真正的玄精。

《梦溪笔谈》中还谈到磷光。沈括说，卢秉（字中甫）家住在吴中。曾经有一天，他天没亮就起来了，看到墙柱下有一样东西熠熠生辉。走近一看，见它有点像水，正流动着。卢秉急忙用油纸扇把那发光的东西拿了起来，见它像水银一样，在扇面上摇晃，亮晶晶的，光彩动人。点上烛火细看，却什么也没有。沈括说，在魏国大长公主家也看到过这种东西。他还回忆说，自己在海州时，有一天夜里煮咸鸭蛋，忽见其中一个鸭蛋通明如玉，荧荧发光，把整个房间都照亮了。沈括把它放在容器里，过了十几天，鸭蛋已经腐臭，而它的光泽更加明亮。他说，苏州人钱僧孺家里煮鸭蛋时也看到过这种现象。从现在的科学知识可以判断，卢秉和魏国大长公主家看到的是一种化学发光现象，叫作磷光。而沈括和钱僧孺家的鸭蛋则是一种生物发光现象，即由于鸭蛋上面寄生着发光的细菌而腐烂发光。这都是属于冷光现象。沈括虽然没搞清楚发光的本质，但他认为这两种现象有相似之处，可归为一类，是有道理的。

四、生物有发现

《梦溪笔谈》中对药物和药理作用、人体解剖生理学等方面做了大量记录，又有十分仔细的甄别，纠正宋以前《本草》的不少错误记载，赢得清代本草学家赵学敏的确信："敏按存中所言，则似的实可据。"沈括在生物学上的成就可分为三个方面：

（一）生物形态的描述与分类学方面

沈括在少年时随父亲到泉州，就对生物特别关注。他把长吻鳄与扬子鳄在形态上区别开来。他还注意到鲤鱼侧线的三十六个鳞片及这种黑色素，至今仍是分类学上鉴别鲤鱼的重要特征。

沈括在《梦溪笔谈》中还记载了一种奇异的软体动物名叫车

渠。他说海产品中有一种车渠，属于蛤类动物，大的有簸箕那么大，背上有一条条的垄和沟，像钳子壳。用车渠壳制成器皿，精致如白玉。据说这种动物生长在南海，大的长度可达 1 米，体重 250 公斤。沈括除描写它的形态特征外，还明确地把它归到蛤类。

宋仁宗嘉祐年间，海州的渔民捕获到一种动物，它的身体似鱼，头似虎，甚至还有虎的花纹；肩部长着两条短足，指和爪子都像虎指、虎爪；体长八九尺，见人不知为何就流泪。人们把它抬到州里，几天后就死去了。有个老人说，以前见过，叫"海蛮帅"。根据沈括的描述，这种动物可能是海产哺乳动物，属海牛科的儒艮，俗称"人鱼"。

沈括还对甘草、莽草等植物做了详细描述。《尔雅注》说："甘草也，蔓延生，味似荷，茎青赤。"沈括认为这种说法并不正确，他认为那是黄药，并不是甘草。甘草叶如槐，高五六尺，叶端微尖，叶面粗糙干涩，好像有白毛。它的果实是一种荚果，像相思豆，四五角长在一起，种子如扁豆大小，非常坚硬。沈括在《梦溪笔谈》中，不但详细描绘了甘草的形态，而且纠正了过去错误的说法。他这一研究成果，后来被明代药学家李时珍所肯定，并以之记载到《本草纲目》之中。

至于莽草，沈括说世人用莽草种类很多，就其叶子的形状而言，有的大如手掌，有的却又细又小，有的光滑厚实，有的却柔

软轻薄，还有的说它是一种蔓延生长的藤本植物。沈括认为这些
都是错误的。《本草经》上说它"若石南，而叶稀，无花实"。据
沈括的观察，莽草之木确实与石南相似，但说它"叶稀，无花
实"就错了。在蜀道、襄汉、浙江一带的湖上山间，多有莽草生
长。枝叶稠密，团圞聚生，样子长得十分可爱。它的叶子光滑厚
实，而又芳香浓郁。花红色，大小如杏花，有六片花瓣，反卷向
上，中心有红色的花蕊。花朵倒垂，摇摇然挂满枝间，供人玩赏
之乐。襄汉之间的渔民常常采来做菜喂鱼。南方人把莽草叫"石
桂"。沈括根据《本草经》对莽草的记载和自己的考证，对真莽
草做了分布、形态、用途以及异名的描述，从而将莽草与一般人
错当作莽草的植物区别开来，并且纠正了《本草经》上对莽草形
态描述不当的地方。

沈括还对传自西域的胡麻与中国原产的大麻做了区别。胡
麻，即我们现在所称的芝麻，在宋代称为油麻。沈括记载了这
种油麻，说它的果实有六棱，也有八棱的。而中国本土芝麻叫作
"大麻"，能结果实的叫"苴麻"，不能结果实的叫"牡麻"。沈括
说，西汉时张骞出使西域，在大宛得到油麻的种子，也称之为
"麻"，为了与中国的麻相区别，因此叫它"胡麻"，而叫中国原
来的麻为"大麻"。

沈括还对"栾"这种植物做了分类学上的研究。他说栾有

两种：一种是树生，它的果实可做念珠，称为"木栾"，也就是《本草》中说的"栾花"；另外一种是丛生，它的茎可当棍棒用，称为"牡栾"，又叫"黄荆"，也就是《本草》所说的"牡荆"。除此两种以外，唐人《补本草》又有"栾荆"一条，从此后人便把它与木栾、牡栾混淆了。沈括对此做了说明。

（二）对生理和生态现象的描述

《梦溪笔谈》中记载了一个调养山鹘的故事。说有人善养山鹘，它凶狠好斗，没有其他山鹘可与匹敌。有人探求其中的秘诀，才知饲养人常用山鹘皮肉喂它，久而久之，它看见真山鹘，也很想把它吃掉。沈括认为这是用驯养的方法使山鹘改变了习性，也就是产生了条件反射的缘故。

还有一条蜂螫蛛的记载。说的是处士刘易，隐居在王屋山，看到一只大蜂，被蜘蛛网给粘住了。蜘蛛与蜂缠斗在一起，蜘蛛被蜂螫了一下，掉在地上。不一会儿，蜘蛛腹部高高鼓起，像要裂开来了。它慢慢爬入草丛中，咬破一棵芋头的茎干，把被蜂叮咬的地方放在芋梗上轻轻摩擦。过了很长时间，它的鼓起的腹部慢慢变小，蜘蛛又和先前一样轻便活跃。蜘蛛能利用芋头为自己疗伤治毒，这是一个很有意思的动物生态现象。

还有对茶的记载。沈括说，茶芽，古人称为"雀舌""麦颗"，是因为它非常鲜嫩，才给予这样的称呼。沈括认为，芽长的茶才是上品，这是由于茶树强壮，土力肥沃，才培养出这种好茶。至于所谓"雀舌""麦颗"，实际上是茶叶中的下品，但北方人不知底细，误将它定为上品。沈括曾经写《尝茶》诗，诗中说："谁把嫩香名雀舌？定知北客未曾尝。不知灵草天然异，一夜风吹一寸长。"生动地描述了这种上品茶的特征。

（三）对生物地理的分布介绍

熙宁年间，沈括曾经出使契丹，记录在契丹北部地区有一种跳兔，形状像兔子，但前足长才一寸多，后足长几近一尺。行走时用后足跳，每一跳有数尺远，产于沙漠中。沈括怀疑这就是《尔雅》中说的"蹶兔"。根据沈括的描述，这种动物现在叫作跳鼠。

沈括还对细辛的地理分布做了记载。细辛是多年生草本植物，根、茎可以入药。他认为真正的细辛产于陕西华山，襄汉一带也有，但华山所产的才是正品。

第十四章

《良方》传世

一、汇医方总结

沈括家族对医药方面都颇有建树，素来有收集药方的传统，家产的药学典籍就有《博济方》，沈括的叔祖在吴越政权时期就曾经搜集药方"顺元散"，并将其卖给人家，药效显著，民间以此方为"沈氏五积散"。家传药方还有"白龙丸"等。沈氏一家治病救人非常热心。沈括之兄沈披在宁国任职时，曾救治一个得了偏风病的客商。沈括在江南时，刚好那时疟疾流行，他拿"木香丸"救人，"其效如神"。沈括因为从小体弱多病，特别是得了眼疾之后，更加注意对医药学方面的研究。

沈括将平生搜集到的药方、医术进行汇总和整理，编成《灵苑方》，在晚年被贬谪期间，又编成《良方》一书，这是他一生治方的总结。前者一共有十二卷，但早已散佚。晁公武曾经描述沈括尤其喜欢搜集医方，其中所记载的药方，大多可以用。而《良方》原本是沈括所撰写，但因为后人附会，将其和苏轼的一些医药杂说混在了一起，经过学者研究考证，发现这部书的药方，还是沈括写得更多一些。另有学者研究，《良方》八卷，这部书大概开始创作于熙宁十年到元丰二年期间（1077—1079）或稍晚，大概到元祐元年到三年间（1086—1088）完成。其中所著录的单个药方，都附有临床经验，有的甚至是沈括亲身实践过的。

根据研究可以确定，"苏沈良方"中沈括所记录的药方有 30 种，其中 7 种来源于专业医生，5 种来源于民间，5 种由地方官员提供，朋友提供了 4 种，僧道人士提供了 3 种，军人和家传的各 2 种，宫廷秘方和古方各 1 种。可见这种药方来源广泛、博采众家。

沈括在《良方》中记载，广南东路有一个道人，以炼秋石为业，称秋石丹，也称为"还元丹"。沈括的父亲沈周咳嗽九年，后服秋石丹才见效。他后来又用这方药治愈了郎简的病。沈括有一个亲属得了"颠眩腹鼓"病，病了三年，也是服用秋石丹才痊愈。沈括出守宣州时，曾大病逾年，那亲属急忙写信来要他急服此药，说有再生之功效。这味药沈家原是用"阳炼法"制作，宣州一道士向他传授"阴炼法"，并说只有两种炼法一起使用，此药才能洞入骨髓。这道人说，这药方极珍贵，秘不传人。沈括说，药方本为救人，不想保守秘密，就把它公开出来。这也表现他善良的心地和济世治人的胸怀。

沈括少年时体弱多病，曾有"心热血凝、心胆虚弱、喜惊多涎、眠中惊魇"等病症。庆历年间，来自池州的医生郑感为他开处方"至宝丹"，屡试有效。从此，他开始研习医药，收集医方，一生都没有停止。当时沈括还只是一个少年，父亲任江东路转运使，他随父去江宁。医生王琪向他传授"神保丸"，对他说："诸惟膀胱气胁下痛最难治，独此丸辄能去之。"熙宁年间，沈括病项筋痛，医生们都认为是风病，治了几个月都没治好。后来背部、右肋都疼痛难当。最后服用神保丸，病即痊愈。

沈括十几岁就有眼疾。到熙宁年间沈括察访河北时，眼疾复发，眼睛发红，病了40多天，生病的过程中不但生疮，还日夜痛楚，试用各种医药都不见效。当时有个郎官丘革，问沈括耳中是否发痒，说：如果耳中发痒，就是肾家风，用四生散可以医治。沈括依方服用，午时一服，睡前一服，眼睛不仅没好，反而更加疼痛，直到二更时分才入睡。醒来后却发觉眼睛的红肿已稍退，也不再疼痛。又饮三四服，便痊愈了。

由于沈括写作《良方》，尽可能注明每一药、每一方的来源、出处，因此类似这样的例子在现今传世的《苏沈良方》中比比皆是。沈括自己说"予治方最久"，确非虚言。

沈括早在写作《良方》之前，已编写过《灵苑方》。其内容在后来的医著中都有记录，《灵苑方》一书写在庆历以后、熙宁之前。《灵苑方》现在已经失传。但《永乐大典》辑录了《灵苑方》的部分内容，《本草纲目》等医书也选用了其中的方子。

《良方》是沈括唯一传世的医学著作。原来有十卷，后来因把苏轼有关医学的一些论著夹杂进去，变成了十五卷，取名《苏沈良方》。苏沈二人生前曾经交恶，死后他们的著作却被人编在一起，再也不能分开，真是命运给二人开了一个玩笑。

沈括在给《良方》所作的序言中，提出看病有"五难理论"，这"五难"包括：

第一，辨疾之难。沈括批评一些诊病的人，只看气口六脉。而古人看病，就一定要听病人的声音，看颜色、举动、肤理、嗜好，问平时生活习惯，在比较全面地掌握了病人的情况之后，才诊视人迎、气口、十二动脉。因为疾病是从五脏发生的，相应五色、五声、五味也会有所变化，十二动脉也会有所变动。古人诊视疾病如此仔细，还担心不够全面，唯恐发生误诊。这就是辨疾之难。

第二，治疾之难。沈括说现在那些给人看病的人，开方子时只把几味药写下来，告诉他服食的方法，交给病人就算了事。给人看病，一定要先知道阴阳通历的变化，山林川泽的荣枯，又要看病人年纪大小、身体胖瘦、生活条件好坏、劳动强度大小，以及性格脾气、情绪反应等方面的内容，根据实际情况确定处方，务求与病人的实际情况相适应。古人治病，目不舍色，耳不舍声，手不释脉，还怕有所差错，说明了古代看病的细致。这就是治疾之难。

第三，服药之难。沈括说，古人服药，如何烹炼，如何饮用，都应非常讲究。药得久煮或不能久煮、用猛火或温火煮，这叫"煮炼有节"。服用要冷服或热服、快服或慢服、顺着性情或逆着性情服，这叫"饮啜得宜"。而且煮药的泉水有好坏，煮药的人有勤懒。有时服药无效，不完全是药石的缘故，而是服药方法不当。这就是服药之难。

第四，处方之难。药与药之间有相辅相助的，也有互相抵触的，几种药合在一起，药性就会发生变化。方书中虽然有使、佐、畏、恶等描述，但古人没有讲到的，人们不易猜测到的情况往往是有的。药物对于病人有适应与不适应，这是由于人们的禀赋不同造成的。药物相合而产生副作用，从而导致疾病的现象是不容易掌握的。比方说，乳石忌与参术结合，碰到就要致人死命，但人们在制作五石散时，无不使用参术。这就是处方之难。

第五，辨药之难。有时候医生的医术非常高明，处方也好，药物使用也合法度，但最后得不到好药，这也是无可奈何的事。沈括说，橘过了长江就变成枳，麦子一湿而化生蛾，鸡到岭南就变黑，鸜鹆到岭南却变白，月亏时节蚌蛤不见了。药性的变化也如此。药的产地不同，加上土地有肥瘠，气候有干湿，药物的功效也不完全一致。况且，采药时间有早晚，储藏方式或焙或晾。这就是辨药之难。

沈括在《良方》序中的这些提法，对现代医学有积极意义。他强调医生要详尽地掌握患者的临床情况，对于临床诊断和治疗，强调因人而异。对于治疗，强调不能单纯依赖药物，还要考虑患者的饮食、心理和生活环境等各个方面，也符合现代医学的理论。

二、医疗有研究

沈括对于医疗的研究，主要体现在基础医学与临床诊疗方面。

（一）解剖学。沈括驳斥了人有水喉、食喉、气喉三喉的错误说法，认为人仅有咽和喉两者而已。他认为，人的进食器官中只有咽和喉，别无他物。"咽"能够进饮食，"喉"能够通呼吸。食物通过"咽"进入胃脘，其次进入胃中，最后进入大小肠。喉则与五脏相通，用来呼气、吸气。五脏也有含气呼吸的功用，就像铁匠铺里那种牛皮风箱。

（二）生理学。沈括指出人的须发虽然都是毛类，但受不同的五脏器官影响，因此有些老年人胡子白了，但眉毛、头发不白；有些人头发白了，但眉毛、胡子不白，这是它们所禀之气各不相同的缘故。他说头发属于心，禀火气，因此向上长；胡须属于肾，禀水气，因此向下垂；眉毛属于肝，因此侧生；男人的肾气表现到外面，上生则为胡须，下生则为睾丸（势）。因此妇女、宦官没有胡须，也没有睾丸（势），但眉毛、头发跟男子完全一样。沈括把胡须与睾丸相联系是正确的，根据现代医学分析，是睾丸分泌大量雄性激素的缘故，但用"气"来解释人体发肤，又一次滑向了神秘主义。

（三）药理学。沈括说，凡是说某药物进入肝或肾之类的话，不过是气味到了那里罢了，一般的物质本身是不可能到达那里的。他认为药物到五脏只是指它们的精华气味到了五脏，并不是指药物本身直接到达，这个观点比较接近现代医学。而当时流传的说法，认为吃下去的药物直接入肝、入肾等，显而易见是错误的。

沈括在《梦溪笔谈》中还记录了物质经加热炮制后发生变化，药与毒是可以相互转化的现象。朱砂本是一种很好的药，刚出生的婴儿吃了都没事，但经火一炼，就变成了一种毒药，杀人于无影无形之间。沈括认为，变化是相对的，既然朱砂能一变而为毒药，必然也能再变而为良药，既能一变而杀人之命，必然也能再变而活人之命，不过暂时还没有掌握这种方法而已。继而指出，大毒和大善、杀人和活人之间是可以相互转化的。

沈括在药学方面的贡献，还订正了古老药书中的偏见和错误。首先在药用植物学方面。他对枳实与枳壳做了区分，发现《神农本草经》中枳实和枳壳两条记载互相矛盾，互有出入。"枳实"条中"主大风在皮肤中，如麻豆苦痒，寒热，结止痢，长肌肉，利五脏，益气轻身，安胃气，止溏泄，明目"这一段文字，所说的全部都是枳壳的疗效，应当摘出来归入"枳壳"条。后来发现它有别的一些疗效，如通利关节，治疗劳气、咳嗽、背膊闷倦等，都应该补充到"枳壳"中去。《神农本草经》原来"枳实"条里讲的"除胸胁痰癖，逐停水，破结实，消胀满，心下急痞痛，逆气"等文字，讲的都是枳实的功效，应当保存于本条。这样，把枳实、枳壳区分开来，使它们的主治疗效不致互相混淆。

沈括还辨明了旃檀香、沉香、鸡舌香、藿香与薰陆香五种香料的不同，纠正了过去一些较为荒唐的说法。他对天麻与赤箭也作了辨析，指出了赤箭的正确名称及用药部位。对地菘作了考证，认为就是天名精。他对两种石龙芮也作了区分，展现了其丰富的药物学知识。

其次，在药剂学方面。沈括说，古代药剂分为汤、散、剂三类，以其形状而言，一为液体，一为粉末，一为丸状。他认为要使药效达到五脏四肢，用汤剂最好；要使药留在胃中的，散剂较好；要使药效长、后劲大的，最好用丸。另外，无毒的药物适宜用汤剂，稍微带点毒的适宜做散剂，大毒的必须做丸。再一方面，想收效快的用汤剂，稍慢一点的用散剂，很慢的用丸。这就是汤、散、丸大概的使用方法。

再次，在药学理论方面，沈括还讲到药物的采集与储存对疗效的重要性。他认为，第一，用于制药的植物的高度与温度有关系，与作物开花的日期有关系。第二，同一种植物有不同的品种，各有不同的发育期，物候也参差不一。第三，南北各地物候先后不一。第四，物候并不是一成不变的。指出采药的季节受植物本性、地理气候条件和栽培条件的影响，因此要因时因地制宜。

除药物采集外，沈括对药物配方理论也很有研究。在宋代方剂中尤其是那些名方，其配伍更讲求主次分明，被称为方剂配伍的典范。沈括反对旧说把"君臣佐使"的地位看得太死，认为所谓"君"，是指某一处方的主要药物，但到底是哪一种药物，并不是固定不变的，而应根据具体情况有所变化。《药性论》把各种药物中最多的那种称为"君"，其次为臣、为佐，有毒的药物一般被当作"使"，这是非常错误的。沈括举例说，如果要治

"积坚"之症，就得用巴豆为"君"。

沈括说，医术如果不是在内心真正有所领会，而仅仅从书本中得来的，往往不能体会到其中的妙处。他还指出，古代一些医术，内容有很多不真实和不可靠的地方，像《神农本草》这样古老的医书，错误的地方尤其多，从事医学的人不可以不知道。

同时，沈括特别注重运气学说。运气学说起源于《黄帝内经·素问》中的"五运六气"，经过唐人王冰加注，趋于完备。到北宋中期，一些医家开始用运气学说的理论来解释疾病，沈括是使这一学说被广为接受的代表人物。仅凭这一点，他就奠定了自己在中国医学思想史上的地位。

五运，指金、木、水、火、土五行的运行；六气，指风、热、湿、火、燥、寒六气的流转。运气学说是推测"五运六气"的变化及其与疾病的发生、发展和治疗等关系的学说。它在中医学和传统文化中具有重要的地位，其内容古奥精深，涉及天文、地理、气象、物候、音律、术数、医学等许多学科。古代的医家以"五运六气"来推断每年气候变化与疾病的关系。沈括说，现在的人不知道怎么使用运气的理论，用时又拘泥于一定的成法，所以这种理论用起来不灵验。沈括还举例说，厥阴为主，它的运气多风，人们多会生湿泄病。但这并不等于说，普天之下都会刮大风，普天之下的人都会得湿泄病。小到一县之中，两个地方晴雨变化可能也各不相同。

　　沈括提出："大凡物理有常、有变。运气所主者，常也；异夫所主者，皆变也。"也就是说，世间万物的变化有正常变化和异常变化。运气占主导地位时，是正常变化，事物的运行有一定的规律；不是运气占主导地位时，就是异常变化。正常变化合乎运气，可根据一定的规律来推断；而异常变化无所不至，其预测的方法也各不相同，会有从、逆、淫、郁、胜、复、太过、不足等变化。什么意思呢？沈括举厥阴为例解释：

从——多风，而草木荣茂；

逆——天气明洁，燥而无风；

淫——太虚埃昏，流水不冰；

郁——大风折木，云物浊扰；

胜——山泽焦枯，草木凋落；

复——大暑燔燎，蜎蝗为灾；

太过——山崩地震，埃昏时作；

不足——阴森无时，重云昼昏。

　　随着这些天气变化，会出现相应的疾病，这都要看当时当地的征候而定。这不是拘泥于成法可以推测的。

　　沈括还记述了自己亲身经历的一件事进行解释。他说，熙宁年间，京城干旱，想尽各种方法祈雨。曾经一连几天阴天，人们都以为一定要下雨了，谁知又突然转晴。当时沈括因事入对，神宗问什么时候会下雨，沈括回答说："下雨的征候已很明显，臣估计明天就会下雨。"大家觉得一连几个阴天都没有下雨，今天晴朗干燥，还有可能指望明天吗？第二天，果然下了大雨。沈括解释道：五运之中有一运为"土"，六气之中有一气为"湿"。那几天京师连续阴天，表明"湿土用事"，从气已经发挥作用，但被厥阴胜过，不能下雨。五运之中有一运为"金"，六气之中有一气为"燥"，后来突然放晴，表明"燥金入候"，由此推测，厥阴已经受到抑制，而太阴得以发挥作用，第二天的"运气"就会按照"湿土"的方向发展了。这种现象，用现代气象学的理论可以解释为：实际上前几天空气中的水汽虽十分丰富，但热力条件不足，缺乏空气的上升运动，所以只是连日阴天，不能下雨。一旦天气晴朗，既有了充沛的水汽条件，又具备了产生气流上升运动的热力条件，所以便会下雨了。

　　由于沈括这一代人的大力提倡，运气学说还取得了在科举考试中的重要地位。王安石变法，把运气学说作为太医局考试医生的科目之一，供医学考试之用的《太医局诸科程文》中，每卷均有一道运气题。这使得运气学说更为盛行，成为医家之"显学"。

简短的结语

沈括自从以父荫担任县主簿开始，为官一生，他历任了北宋行政区划县、州、路和中央各级的官吏，留下许多政绩。在县一级，担任过沭阳县主簿，摄东海知县。在任上疏浚沭水，得良田七千顷；征调民夫治河，平定民乱，处置得当。又受临时差遣，提举饥人疏浚汴河，测量地势获得成功。在州一级，担任过扬州司理参军、知宣州军州事、知延州军州事。在路一级，担任两浙路察访使任上，治理浙西圩田，推行免役法，建议减免贫民役钱，提议两浙分治。担任河北西路察访使时，推行义勇保甲法，提出以塘泊防线为核心的边防措施。担任鄜延路经略安抚使，兼判军器监任上，制作军事立体地图，详定九军阵法，详定兵车式样，出使辽国，进行边界谈判。在中央，他任职的范围更广，从工作部门和工作性质看，提举司天监任上，推荐卫朴修订《奉元历》，参与考定太一宫神位，革新制造天文仪器。担任修起居任上，建议罢籍车，及两蜀禁盐。在权三司使任上，复置三司开拆司，加强财经审计，提出解盐通商，改革和籴制度，反对在河北行用铁钱，建议改革役法，由此而被弹劾罢官。

与一般文人不同，他还曾经在知延州任上参与过对西夏的战事。在宋伐灵州之役中留守后方，接应前线，夺取顺宁寨，安抚溃败士兵，在整个战役进程中的表现尤其可贵。与西夏的作战中，他开始提出修筑古乌延城，是完全正确的。后来因为性格的因素，被迫也好，主动也罢，屈从于徐禧的压力，附和修筑永乐城，造成战争失败。他在整个战争中尽力坚守绥德，为保卫延州做出重要贡献，但无疑也犯了严重错误，最后遭到了贬谪的命运。

回顾上述沈括经历的仕途和政绩，我们可以看出，第一，沈括最擅长的是技术工作，如修治水利、制造仪器、绘制地图，可以说是一个优秀的技术官员。这一点他非常合格，而且取得的成绩也比较多。第二，他对一些政策措施的制定设计考虑得非常周密，如对改革免役法和解盐钞法的设想，及修筑古乌延城的论述，表现了他的细致、远见和很强的设计规划能力。他在三司使任上，对和籴问题的改革，以及王安石变法中支持农田水利法与保甲法，而对免役法、植桑法、盐钞法、开放铜禁及河北塘泊防线等，由保留到反对，都说明他有面向实际、关怀民生的一面，是一个优秀的管理人才。但到最后，因对变法飘忽不定的态度，竟最后沦为新党和旧党一致抨击的对象，这是他的不幸。因为新党的弹劾，他被罢免三司使；因为旧党的抨击，他在晚年一再遭受贬谪之苦。在新党和旧党两边都受到排挤，是构成他晚年遭遇的主要原因。而其中暴露出的性格矛盾，正是他一生命运起伏的致因。

在科学技术方面，沈括是中国科学史上的一颗璀璨的明星。从《梦溪笔谈》中体现出来的科学成就是非常骄人的。这些成就可从五个方面来加以概括：第一，记录了他人的科学贡献，比如毕昇的活字印刷术、喻皓的建筑理论，如果没有沈括的记录，这些在世界上领先的科学技术恐怕早已失传。第二，记录了他对实际观察的科学见解。如对雁荡山构造原理的解释，沈括进行了很深刻的论述。第三，对某些自然现象的记载，具有科学的价值，如登州地区发生的地震，记录了可贵的史料。第四，某些记载在世界科学史上是占领先地位的，如他发现了磁偏角。第五，他所记录的科学内容超越其他文献记载，也有很高的价值，如指南针。

因此，用现代的学科分类作标准，可看出沈括有十个方面的科学成就最为杰出。

在数学方面：

（1）隙积术；

（2）会圆术。

在物理学方面：

（3）共振研究与弦共振实验；

（4）发现磁偏角；

（5）发现凹面镜成像焦点与成像规律。

在天文学方面：

（6）十二气历。

在地理学方面：

（7）解释雁荡山的构造原理；

（8）解释华北平原的成因。

在工程技术方面：

（9）记录毕昇的活字印刷术；

（10）制作立体模型地图。

在中国科学史上，沈括凭此皇皇十项成就，足可以傲视群雄了。

但是，对于这样一位历史上罕有的人物，在很长一段历史时期中，人们并不是像今天这样看重他。有人对他肆意污蔑，包括王称《东都事略》、李焘《续资治通鉴长编》等记载北宋史实的典籍，甚至《宋史》将沈括附入两个堂侄骥尾才被写入"列传"，这些记录沈括文献的作者，有的甚至是这一时期著名的史学家，但他们都毫无例外地认为沈括学术上虽有贡献，但在政治上却将其认定为是一个阿谀谄媚、反复无常的投机政客。在一些和沈括事迹相关的笔记中，有人说沈括察访两浙时，曾骗取过苏轼的诗而加以陷害；有人说沈括任三司使时因讨好王安石而赞成解盐官卖；有人说沈括改革陕西盐钞法是"新进之人轻议更法"；有人说沈括在王安石罢政后以更改役法奔走于新贵之门；甚至宋神宗都说历法、地界、役法是沈括耽误朝廷的三大罪行；更有人说他在鄜延路依附徐禧而压制种谔，甚至把永乐城战役失败的责任完全推到他头上。甚至就连我们今天视为沈括代表作、被誉为千古名著的《梦溪笔谈》也只是被当作野史随笔，捎带提及："又纪平日与宾客言者为《笔谈》，多载朝廷故实、耆旧出处，传于世。"而忽视了这部书的真正价值所在。

这其中的症结点或许正在于，一方面沈括曾经是新党骨干、变法中坚，而且毕生行事注重实际，关注民生，受到旧党的攻击与污蔑是意料之事。另一方面，沈括在性格上为人懦弱，不仅表现在他的处世态度上，也深刻地影响着他的政治倾向与政策取合。从根本上来说，沈括的内心深处并不全盘接受王安石的变法主张，他在地方时，看到了变法措施出台后，在施行过程中也有着种种缺陷。但当王安石在位时，沈括或畏于王安石的权势，或出于政治上的某种考虑，不敢当面提出；但当王安石去位后，沈括或许是卸掉了某些重压，而在背后议论，这使得他在世时便获得"反复、附会"的恶名。晚年出镇延州，与副手种谔一起提出修筑古乌延城的主张，但当钦差大臣徐禧盛气凌人主张把城筑在永乐时，沈括最终又不敢坚持自己原先的正确主张，反而附和徐禧，结果导致惨败永乐城。因此被人认定为是惨败的罪魁祸首，而被贬地方，最终结束了自己的政治仕途。

我们说，一方面，沈括是伟大的，他在中国古代科技的各个所能涉及的方面，几乎都留下了自己的创见和造诣，以至于被人赞誉为是中国整部科学史上最卓越的人物；另一方面，沈括又是一个活在现实的普通人，他需要养活自己而不得不入仕，他需要通过依托于宋神宗的皇权和王安石的变法施展自己所学，实现自己的抱负，因而屈服于权势，在面对矛盾冲突和政治斗争时显得无所适从，最终成为悲剧。

在看到沈括取得的伟大科学成就的同时，也要看到他所受历史条件的局限，不可能完全具有真正的科学世界观和思想方法，因而他的某种观察和研究也不可能全部正确地反映客观规律。但沈括注重实践锻炼，注重调查研究，他在治学上好学不倦、踏实钻研，对科学的态度是严谨、求实而谦逊的。他曾经反对"万事前定"的说法，但某些地方又有神奇怪异、因果报应的谬说，将其归为一定的神秘主义和上天的意志。沈括相信宿命，对术士可以推知生死和命运前途，仍然抱着半信半疑的态度，甚至还将一些无法解释的现象当成是一种超科学的超能力。沈括的研究方法摆脱不了传统思维模式对其的影响，阴阳五行学说是他用来观察、研究、解释各种自然现象的重要方法。沈括的著作涉及的面很广，难免在一些具体的方面存在一些错误，但我们也不必为此而苛责前人。

沈括是一个博学的科学家，一位政治摇摆的从政者，这两种形象杂糅在一起。沈括的复杂，如同他的科学研究，如同他所涉及的历史史实。或许沈括同历史一样，正是因为这样的多元与多面，才让我们时时回想、念念不忘。

后 记

这可能是我第一次在正式的出版物中写后记，凡事都有第一次。作为一名曾经努力想在学术和出版界实现平衡的出版社从业人员，可能"看"后记才是我的家常便饭，毕竟后记里是作者各种生活心情的"实态"，有些尝尽世间冷暖的感觉。以至于我每次翻阅学术著作，总是舍本逐末地先去看人家的后记，而"写"后记似乎离我太过遥远。但真正要自己绞尽脑汁、搜肠刮肚，我还是着实犹豫了一下，后记是这样写吗？

我于2012年从南京师范大学博士毕业，7月就进入凤凰出版集团的凤凰出版社工作。当时进入高校未果之后投身出版社，只是想离自己喜欢的书近一些。而我自觉供职出版社可能会通过脚踏实地地去做成几本书，了解出版行当，来改掉自己有些纸上谈兵的痼疾。同时我加入的凤凰出版社原名江苏古籍出版社，成立年份与我年纪相仿，而古籍整理又是一门在我读书期间了解不多的学问，所以就进入了古籍出版领域，不知不觉已近九年。我也从编辑，进而兼职宣传营销，进而兼职纪检干事，最终于2021年3月更是变成了一名图书发行人员，不由得生出感慨："人生大起大落得太快。"

在这不长不短的时间里，我首先是一名古籍出版社的编辑。在出版行业里，出版社一方绝没有外界想象的那般强势，因为从一般图书出版合同的甲、乙双方而言，身为出版单位的人总是甘居乙方，出版社编辑更多的是"为他人作嫁衣裳"。即便是对图书的内容安排、装帧设计乃至营销方案有一些意见建议，也更多的是为作者和最终出版服务，从没有认真考虑过自己作为作者是一种怎样的体验。

河南大学耿元骊老师满足了我这个"愿望"。能写完小书《科技史坐标：沈括》，首先仰赖于耿老师的一再帮助与催促。耿老师了解我的为人，也知道我在读书期间，博士论文内容是"宋代蔬菜生产与经营"，对科技史有过一些涉猎。耿老师在内容和章节安排上给了我很多真知灼见，更是建了一个"宋朝往事组"的微信群，将同写本书系的老师都纳入其中。群中有几位算是我的"老友"，有几位是与此有缘一起共同写作的"新朋"，甚至还有辽宁人民出版社的同行。定期的"花式"鼓励与督促，对于本身就很拖拉的我来说，真是有点压力山大。更何况，开始写作本书时，我还是一名图书编辑，到了写后记时，我已经变成了一名还需要学习和管理图书发行的跨行者。日常繁忙的工作，让我写作本书变成了或晚上、或周末工作的调剂。或许，换换脑子真的挺好。因为换位思考，才真正地明白出版事务乃至生活中更多的人生百味。

工作近 9 年来，在南京也有了自己的小窝，远在青岛的老家始终是我最深的牵挂。出版社的几位老师、同事对我如家人一般的鼓励鞭策，让我对工作和生活有了更多的感触和思考。我读书期间的老师李天石教授和师兄李恒全教授，继续在学业和生活上给予我提点和关注。同属集团内的知音好友，虽然和我一样深陷琐务，但不时地交流总有一些如释重负的畅快。或许这本小书勉强算作是对他们平时照拂的一丝谢意和慰藉吧。

借助此书的写作，我下功夫读了和沈括相关的史料，尤其是较为认真地读了本书传主沈括的史料和他的不朽名著《梦溪笔谈》，慢慢地对古人"同情之理解"越发感同身受。还好对于沈括本身的人生经历和他的科学研究而言，他也算是一个无所不通的"杂家"。而随着年岁渐长，我想做"杂家"的愿望也越发不可得，撰写这样一本为近千年前的"杂家"写的小书，让我有了些许心灵契合和千古忧思吧。

年近不惑，已不允许再对自己的人生有更多的惶惑。唯有努力，才能应对工作和生活的种种忙碌；也唯有努力，才能做更好的自己。

以为后记。

王淳航

2021 年 5 月 26 日忙碌之夜